기억하지 마라

글·그림·디자인 | 조주상

도서출판
새안

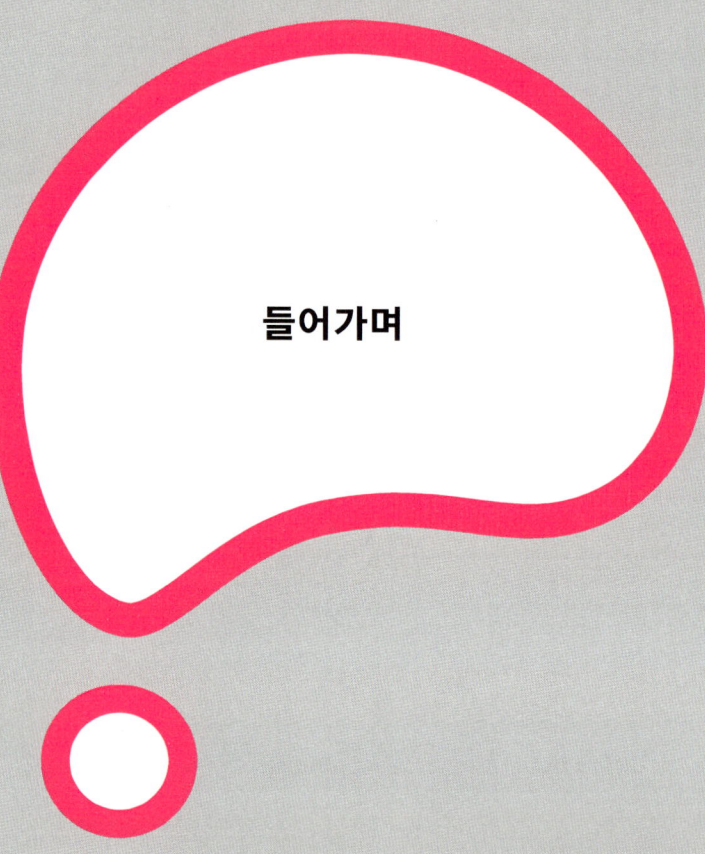

들어가며

TV에서 누가 카드 한 팩을 외웠다. 신기했다. 평소 머리 쓰는 건 좋아했던 터라 궁금하기도 했다. 인터넷을 뒤져 방법을 알아낸 후 시도해봤다. 시간은 좀 걸렸지만 성공했다. 이렇게 쉽게 될 줄은 몰랐다. 기억력스포츠에 첫발을 내딛는 순간이었다.

검색을 통해 기억력대회란 게 있다는 것도 알게 되었다. 당시 한국에 국제기억력마스터가 단 한 명도 없다는 것도 알게 되었다. 그 날 이후 내 취미는 기억력스포츠가 되었다.

보통 애니메이션을 만들고, 애니메이션을 가르친다고 소개하는 필자는 세계기억력스포츠협회 공인 '국제기억력마스터 International Master of Memory'다. 취미로 시작한 기억력스포츠가 날 여기까지 오게 만들었다.

그런데, 사실 내 기억력은 별로 좋지 않다. 그냥 하는 애기가 아니라 사실이다. 예전부터 지인들에게 가장 많이 들은 지적이 바로 기억력이 없다는 것이었다. 학창시절에도 소위 암기과목이 제일 싫었다. 하지만 이제 와 생각해보니 기억력이 좋아지는 것은 누구나 할 수 있는 것이었다. 대부분 예전의 필자처럼 방법을 몰라서 못하고 있을 뿐이다.

사람마다 기초대사량이 다르듯이 '기초기억력'의 정도도 다르다. 전혀 기억법에 대해 배우진 않았지만 타고난 건지 기억력이 좋은 사람을 우리 주변에서 종종 볼 수 있지 않은가? 그런가 하면 돌아서면 잊는다는 사람들도 있다.

이런 기억력의 차이를 극복하는 방법은 없을까? 기초기억력의 높고 낮음과 상관없이 과연 기억법을 배우면 정말 누구나 기억력이 좋아질까? 이 책을 다 읽고 나면 독자들의 삶이 조금이나마 바뀔 수 있다는 희망이 생길 것이다.

무증상 알츠하이머병 asymptomatic Alzheimer's disease, ASYMAD 이라고 들어본 적이 있는가? 『파워풀 워킹 메모리』란 책에 소개된 용어로 트론코소가 발견해 이름 붙인 용어다. 무증상알츠하이머병이란 문자 그대로 알츠하이머병에는 걸렸지만 그 병의 증상은 나타나지 않는 상태를 말한다. 어떻게 이런 일이 가능할까? 트론코소는 무증상 알츠하이머병에 걸린 환자의 해마 신경세포의 크기가 알츠하이머병의 징후가 전혀 나타나지 않은 뇌의 신경세포 크기에 비해 3배나 크다는 점을 발견했다. 그래서 그 가능성을 '작업 기억(객관적으로 머릿속에 있는 정보들을 가지고 의식적으로 필요에 맞게 처리하는 능력)'에서 찾았다.

곧 작업 기억이 좋을수록 알츠하이머병의 인지능력 공격에 더 잘 버텨내 노년에 찾아올 수 있는 알츠하이머병의 인지적 증상을 더 잘 피할 수 있다고 본 것이다. 평소 꾸준한 기억력 훈련이 필요한 이유가 하나 더 늘어난 셈이다.

그렇다면 기억력은 도대체 어떻게 배우는 것인가? 무작정 외우는 연습을 하면 기억력이 좋아질까? 모든 배움에는 방법이 따른다. 전혀 할 줄 모르는 저글링을 배울 때도, 생 초보가 컴퓨터 툴을 배울 때도 다 방법이란 게 있다. 기초부터 시작해 고급을 향해 순차적으로 진행된다. 급하다고 기초를 생략할 수 없다. 배움에는 수준이 있고 단계가 있다. 자기 자신이 어느 정도의 수준인지 아는 것은 무척 중요하다.

이 책은 기억법에 대해 전혀 모르는 사람도 읽을 수 있도록 썼다. 아니, 오히려 기억력에 대해 전혀 모르는 사람이 읽었으면 좋겠다. 기억법의 대한 완전 기초부터 고급 활용에 이르기까지 <u>우리 엄마도 읽고 이해할 수 있는 쉬운 기억법</u> 책이 되기 위해 쉬운 용어로 알아듣기 쉽게 썼다.

 본문 중 기억을 설명하면서 '그렇게 생각하면 기억이 안 날 수도 있다'라고 하는 것은 필자의 경험에 비춘 지극히 개인적인 견해일 뿐이다. 물론 '그렇게 생각해도' 기억이 날 수 있다. 만약 기억이 난다면 필자보다 기초기억력이 좋은 것이다. 기초기억력이 좋은데 기억법까지 제대로 배운다면 금상첨화가 아닐까?

 우리는 각종 스마트 기기들의 발전으로 점점 기억할 필요가 없어져가는 시대에 살고 있다. 하지만 그런 시대에 오히려 기억력을 훈련한다는 건 그 불필요에 대한 역행이며, 빠른 망각을 강요 받는 시대에 대한 저항이며, 쉽게 잊혀져서는 안 되는 소중한 것들을 결코 잊지 않겠다는 다짐의 결과이다.

목차

들어가며 004

01 기억하지 마라

그냥 '생각하라'고? 022
상상하지 말고! 032

02
범생이 말고 양아치가 되라

뇌를 한번 속여 볼까? | 040
그렇게라도 생각해야 해 | 046
뇌의 특성을 역이용하는 거지 | 054
반칙을 써서라도! | 058
연결 정보의 특징을 살려봐 | 064

03
기억의 궁전에 속지 마라

혼자는 외로워?	074
순서대로 외우려면!	080
생각자리와 생각루트?	088
기억의 궁전을 버려라	100
생각루트를 만들어야 하니까!	106
장소보다 경험의 동선을 따라가!	116
생각자리의 수가 관건이야	128

04
블록버스터를 만들어라

생각단서? **140**
생각단서는 블록버스터급으로! **146**
고로 TOG 기억법이렷다! **154**
기억력이 뭔 죄야 **164**
자연스러운 반복을 노려봐 **172**

05
올림픽 나가지 마라

기억력대회라고 들어봤니? **182**

숫자를 외운다고? **188**

숫자에 의미를 입혀 봐 **194**

숫자를 한글로 읽는 거지! **200**

긴 건 조각내서 읽어봐 **206**

외웠으면 연습해! **222**

카드도 외운다고? **228**

카드 암기왕, 별거 아냐! **236**

06
써먹어라

외울 거 많잖아? 250
쉬운 거부터! 254
어려운 것도 척척! 266
최고 난이도 문장까지! 284
기억왕, 암기는 덤! 292

마치며 306

QR코드를 통해 플립북을 영상으로 보자.

(스마트폰에 QR 코드 스캐너 앱을 깐 후 QR코드를 스캔하거나,
인터넷 주소창에 www.somssi.com/book/flipbook.html을 입력한다.)

플립북 Flip Book 이란?
여러 장의 종이에 연속되는 그림을 그린 후 이를 빠르게 넘겨 움직이는 것처럼 보이게 만드는 애니메이션 기법 중 하나.

책 양옆에 보이는 플립 북 Flip Book 형태의 애니메이션은 0 부터 9 까지의 숫자로 된 장소(생각자리)이다. 각 숫자마다 5개씩의 장소가 있어 총 50개의 장소를 가질 수 있다. 장소가 익숙해질 수 있도록 자주 보기 바란다.

0부터 9까지의 숫자는 각각의 모양대로 0은 축구공, 1은 전봇대, 2는 오리배, 3은 수갑, 4는 돛단배, 5는 열쇠, 6은 골프채, 7은 지팡이, 8은 눈사람, 9는 테니스채로 바꾼 것이다.

양옆 플립북 속 장소(생각자리) 설명

0 (공)   1.공 2.선수 3.카드 4.골대 5.태극기
1 (전봇대)   1.전봇대 2.전기줄 3.새 4.사다리 5.강아지

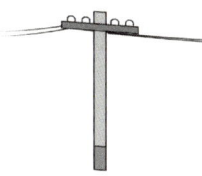

2 (오리배)   1.오리배 2.오리배 안 3.물 4.빠진 사람 5.구명튜브
3 (수갑)   1.수갑 2.도둑 3.돈 4.핸드백 5.경찰차

4 (돛단배)   1.돛단배 2.돌고래 3.구름 4.태양 5.무인도
5 (열쇠)   1.열쇠 2.문 3.초인종 4.창문 5.CCTV

6 (골프채)   1.골프채 2.골프공 3.깃발 4.홀컵 5.골프카트
7 (지팡이)   1.지팡이 2.할아버지 3.신호등 4.자전거 5.라바콘

8 (눈사람)   1.눈사람 2.눈송이 3.곤돌라 4.스키 5.고드름
9 (테니스채)   1.테니스채 2.테니스공 3.네트 4.심판 5.관중

등장캐릭터_**토그**

호기심이 많고 상상력이 풍부한 장난꾸러기.

아직 어리지만 기억력이 안 좋아 마스터를 찾아왔다.

기억법을 배우고 나선 자기도 기억력 마스터에 도전하겠다고 한다.

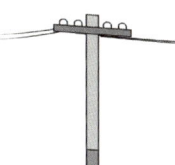

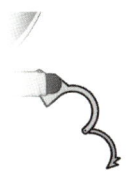

등장캐릭터_

국제기억력마스터로 기억법 강사.

자신을 찾아온 토그에게 기억법을 가르쳐

기억력에 자신감을 불어 넣어준다.

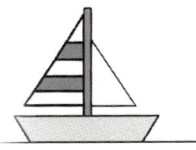

기억은 **생각**이다
생각이란 **생각**하면 **생각**할수록 **생각**나는것이
생각이므로 **생각**을 많이 하는것이 가장 좋은
생각이라고 나는 **생각**한다

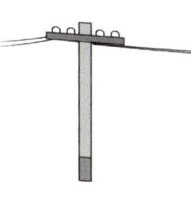

01
기억하지 마라

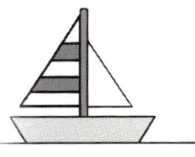

그냥 '생각하라'고?

"기억력 마스터시라구요?" 토그가 옷자락을 잡아당기며 물었다.
"응."
"기억력 좀 가르쳐 주세요."
"왜? 기억력이 안 좋니?"
"네, 그런 거 같아요. 돌아서면 잊어버려요."
나이 어린 토그를 위 아래로 훑어보던 마스터가 말했다.
"음, 그럴 나이는 아닌 거 같은데."
"네?"
"아니야, 그럼 시작해볼까?"
"네, 좋아요."

"자~ 한번 잘 생각해 봐."

"네~!" 토그가 씩씩하게 대답하곤 큰 눈을 깜박이며 마스터를 쳐다봤다.

"간만에 책이나 읽으려고 서점에 갔어. 베스트셀러 코너에서 책을 보고 있었지. 그런데 갑자기."

"갑자기?" 토그가 궁금한 듯 물었다. 잠시 뜸을 들이던 마스터가 말을 이어갔다.

"<mark>호랑이</mark> 한 마리가 책 더미 위로 뚝 떨어지더니 책을 입으로 마구 물어뜯는 거야."

"호랑이요?" 토그는 또 놀란 듯 되물었다.

"응, 백두산 호랑이야." 마스터는 재미있다는 듯 덧붙였다.

"어떻게 호랑이가 서점 안에 그것도 책 더미 위에 있을 수 있어요?" 토그가 이해가 안 된다는 듯 연거푸 질문을 던지자 마스터가 말했다.

"그냥 그렇게 생각해 보라고~."

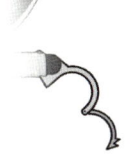

"아~ 알았어요." 토그가 고개를 끄덕이며 다음 말을 기다렸다.

"사람들은 깜짝 놀라 도망가기에 바빴지." 마스터가 말을 이어갔다.

"서점을 나오니 출출했는데 때마침 붕어빵 파는 곳이 있어 들어갔어. 근데 붕어빵 틀에서 순금으로 된 붕어빵이 나오는 거야."

"와~!" 토그가 놀라며 추임새를 넣었다.

"비싸서 도저히 살 수도, 먹을 수도 없었지."

"그러게요."

"꽃집 옆을 지나가는데 뭔가 이상했어. 꽃집의 아가씨가 꽃에 물을 주고 있는데 자세히 보니 물이 아니라 설탕이 나오고 있는 거야."

"하얀 설탕이요?" 토그가 물었다.

"응, 호스에서 물이 아니라 설탕이 나오고 있었던 거지." 마스터가 계속해서 말했다.

"이번엔 미용실에 갔어."

"미용실에선 또 무슨 일이 있었나요?" 토그가 흥미진진하게 되물었다.

"하하, 내가 들어서자마자 갑자기 미용사들이 손님의 머리를 두드리고, 드라이기를 두드리고, 의자를 두드리며 난타 공연을 하는 거야."

"신났겠네요." 토그가 받아쳤다.

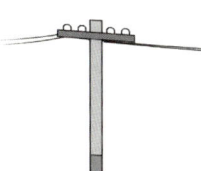

"이번엔 여유롭게 공원에 갔어. 좀 쉬다 가려고 벤치에 앉다가 그만 화들짝 놀랐어."

"왜요?" 정말 궁금한 듯 토그가 물었다.

"의자 밑에 풍선이 있는 바람에 뻥~ 하고 터져버렸던 거지."

"아~ 재미있네요." 토그가 웃으며 말했다.

"재미있지? 자 이제 그럼 한번 기억해볼까?"

"뭘요?" 토그가 머리를 갸우뚱거리며 물었다.

"서점에 갔을 때 책 더미 위에 뭐가 있었는지 기억나니?"

"아, 호랑이요, 백두산 호랑이." 토그가 자신 있게 대답했다.

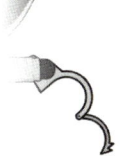

"그렇지, 붕어빵 틀에서는?"

"순금으로 된 붕어빵이 나왔어요." 토그가 의기양양하게

대답했다.

"그럼 꽃집에서는 무슨 일이 있었지?"

"꽃에 물 대신 설탕을 주고 있었어요." 손짓까지 해가며 토그가 대답했다.

"맞아, 미용실에서는 무슨 일이 있었는지 기억나니?"

"음, 난타공연요. 미용사들이 막 난타공연을 하고 있었어요."

"잘 하는구나, 공원 벤치에 앉았더니 어떻게 됐지?"

"풍선이 뻥~ 하고 터졌어요." 토그는 양손으로 큰 원을 그리며 자신 있게 대답했다.

"우와~ 다 맞혔네. 그걸 어떻게 다 기억하고 있어?" 마스터가 장하다는 듯 머리를 쓰다듬으며 말했다.

"헤헤, 글쎄요. 그냥 기억이 다 나는데요?"

"오호, 그냥 생각만 했는데 기억이 다 난단 말이지?"

"네."

"그래, 이렇듯 기억은 어려운 게 아니야. 그냥 생각만 하면 돼."

"우와, 정말 그냥 생각만 하면 된단 말인가요?"

"그럼. 기억은 곧 생각인 거지."

"와~ 신기하고 재미있네요."

사실 기억은 어렵지 않다. 이처럼 그냥 생각만 하면 기억은 자동적으로 된다. '**기억**'이라는 말이 외우는 걸 더욱 더 부담스럽게 해왔을 뿐이다. 기억의 원리를 아는 소수만이 그 특권도 함께 누리고 있었다. 뭐 대단한 비밀도 아닌데 기억이란 단어 뒤에 법자를 붙여 기억법이란 말까지 만들어냈으니 말이다. 사실 '**기억력**' 하면 어렵고 힘든 것으로 여겨진다. 정말 생각이 곧 기억이라면 '**기억력**'이란 말 대신 '**생각력**'이라고 하면 어떨까? '**기억력**을 높여 공부를 잘해보자'라는 말보다 '**생각력**을 높여 공부를 잘해보자'라는 말이 훨씬 덜 부담스럽게 들리지 않는가?

그럼 이제 **생각력**을 높여보자. 그 방법은 거창하지 않다. 사람이라면 누구나 할 수 있는 이 생각의 힘을 과소평가하지 말자. 어렵다고 생각하지도 말자. 또, 잊지 말자. '**생각**'만 하면 '**기억**'은 저절로 된다는 것을.

억지로 외우려고 하지 말고 생각하자. <u>난 단지 생각만 했을 뿐인데 덩달아 기억이라는 선물이 딸려오는 것이다.</u>

■ 연습문제

자, 그럼 이제 직접 한번 마스터와 토그처럼 생각해 보자.

한 번에 다섯 개씩 총 3개의 문제가 있다.
생각해 본 후 기억이 나는지 다음 쪽의 답안지에 답을 적어보자.

첫 번째 생각

당구장에	**가재**
과일가게에	**각도기**
떡볶이가게에	**비행기**
주차장에	**담요**
간판에	**자석**

두 번째 생각

공중 화장실에	**석탄**
공중 전화기에	**목걸이**
지하철 입구에	**노래방**
엘리베이터에	**액자**
에스컬레이터에	**슬리퍼**

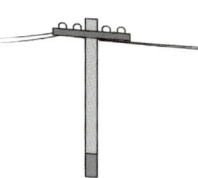

세 번째 생각

CCTV에	**빨래**
지하철 안에	**귀마개**
자동차에	**슬리퍼**
낚시꾼에	**베개**
유람선에	**볼링**

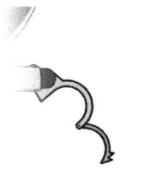

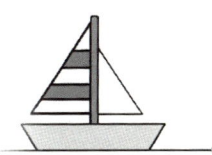

■ 연습문제

앞쪽에서 생각한 것들이 기억이 나는지 정답을 적어보자.

첫 번째 생각

당구장에	
과일가게에	
떡볶이가게에	
주차장에	
간판에	

두 번째 생각

공중 화장실에	
공중 전화기에	
지하철 입구에	
엘리베이터에	
에스컬레이터에	

세 번째 생각

CCTV에	
지하철 안에	
자동차에	
낚시꾼에	
유람선에	

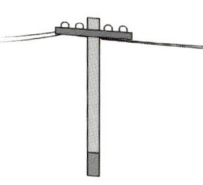

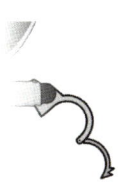

상상하지 말고!

"그런데요, 마스터님." 마스터를 부른 토그가 말을 이었다.

"보통 기억은 상상으로 한다고들 하는데 상상하면 안 되나요? 꼭 생각해야 하나요? 아님 같은 말인가요?"

"음, 아주 좋은 질문이야." 마스터가 웃으며 말을 이었다.

"**생각**은 어떤 것을 헤아리고 인식하는 머릿속의 작용을 말하고, **상상**은 실제로 경험하지 않은 현상이나, 존재하지 않는 대상을 머릿속으로 그려 보는 것을 말해. '생각'이 '상상'보다 더 큰 개념인 거지."

"아~ 상상은 세상에 없는 것을 그야말로 상상하는걸 말하는군요."

"그렇지, '신발을 상상해봐'와 '신발을 생각해봐' 중 어떤 것이 더 자연스러워?"

"신발은 내가 항상 신고 있는 거니까 상상하는 것보다는 생각하는 것이 더 자연스러운데요?"

"맞아, 엄마를 생각하고 숟가락을 생각하는 것이 엄마를 상상하고 숟가락을 상상하는 것보다 더 자연스럽지."

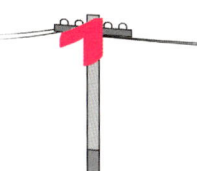

"그렇네요." 토그가 머리를 끄덕이며 말했다.

"그리고, 상상해야 하는 건 기억하기도 쉽지 않아. 생각할 수 있어야 기억도 할 수 있는 거지."

"아하!"

상상 속에만 존재하는 것들이 있다. 용, 봉황, 선녀, 도깨비, 요정 등이다. 사실 이런 것들은 본 사람이 없다. 존재하지 않기에 상상하는 것이 맞다. 존재하지 않는 것은 상상하고, 존재하는 것은 생각하는 것이 자연스럽기 때문이다.

하지만 우리는 어렵지 않게 이런 상상 속의 존재들을 생

각할 수 있다. 누군가가 만들어놓은 이미지 때문이다. 이미지를 통해서 본 모습을 그 상상의 존재로 믿고 생각한다. 인간은 모든 것을 시각화해야 직성이 풀리는 동물인가보다. 보이지 않는 것조차 모두 시각화 해버린다. 이는 존재하지 않는 것에 대한 인간의 막연한 두려움 때문일 것이다.

그런데 용이나 도깨비 같은 상상의 존재가 정말로 우리가 흔히 보는 이미지 속의 그런 모습인지는 사실 아무도 모른다. 실존하지 않기에 본 사람도 없기 때문이다. 그저 말로

만 떠돌던 얘기를 듣고 이미지로 표현했을 뿐이다. '그나마 그렇게라도 모습을 가늠할 수 있으니 좋지 아니한가?'라고 반문할 수도 있다. 하지만 이런 이미지들은 우리의 상상력을 제한하기도 한다. 이런 이미지들이 없었다면 더 크고, 더 아름답고, 더 무서운 존재를 상상해낼 수 있었다.

하지만 상상의 존재를 그려놓은 이미지 때문에 그 존재들은 이미지 밖으로 나갈 수 없는 제약을 받는다. 이것은 심각한 상상의 생각화다. 즉, 나를 보지 못한 누군가가 사각형을 그려놓고 이게 당신이다 라고 한다면 어떤 느낌일까? '난 이렇지 않은데. 좀 더 동그랗고, 색깔도 있고, 입체적으로 생겼는데.'라고 아쉬워하지 않을까? 그 사각형이 나를 규정하는 전부가 아닌데 그렇게 되어가는 현실이 안타깝지 않을까?

하지만 이런 상상의 생각화가 나쁘기만 한 것은 아니다. 적어도 기억을 위해서는 참 고마운 역할을 해왔다. 이런 이미지나 영상이 있는 덕분에 없는 걸 상상해서 어렵게 기억할 필요 없이 실존하는 모습처럼 생각할 수 있기 때문이다. 사실 용의 모습은 상상해야 하지만 이미 봐 왔던 '용'의 정형화된 모습이 있어 어렵지 않게 용을 생각할 수 있는 것이다.

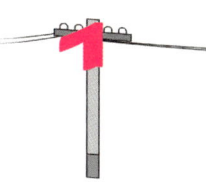

기억이란 어떤 정보를 머릿속에 집어넣고 잘 간직하고 있다가 필요할 때 그 정보를 꺼내 쓰는 일련의 과정을 말한다. 그럼 기억의 첫 단추로서 어떻게 머릿속에 집어넣을 것인가? 그 기억의 방법이 바로 **생각**이라는 것이다.

상상하지 말고 생각하자.

기억하려고 하지 말자. 그냥 생각하자.

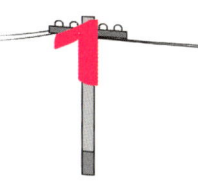

상상하지 말고!

망각보다 더 슬픈 건
망각되지 않는 기억이다

02
범생이 말고
양아치가 되라

뇌를 한번 속여 볼까?

"자~ 이제 또 한 번 생각해 봐. 그런데 한번만 말해 줄 거니까 잘 들어야 돼."

"네~." 토그가 자신 있게 대답했다.

독자 여러분도 한번만 읽어보기 바란다.

"식당에 갔더니 '방식'이 있어."

"방식이요."

"그리고 버스정류장에는 '부도'가 있어."

"부도, 어렵네요."

"또, 안경점에는 '용감함'이 있고, 철물점에는 '와가두구'가 있어."

"네."

"마지막으로, 놀이터에는 '엘아이운'이 있어."

"음, 뭔가 어려운 것들이 있네요?" 난감하다는 듯 토그가 머리를 긁적였다.

"그래? 생각만 하면 기억이 날 거라고 그랬는데, 생각하기가 잘 안돼?"

"네, 뭔가 생각이 잘 안돼요."

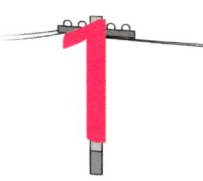

"그렇구나, 그래도 한번 기억해 볼까?"

"네."

"식당에 뭐가 있었지?"

"음, 역시 잘 모르겠어요." 난감한 듯 토그가 머리를 긁적였다.

"그럼 버스정류장은?"

"역시 생각이 안 나요."

"그래? 그럼 안경점에는? 철물점에는? 놀이터에는?"

"다 생각이 안 나요." 토그가 풀 죽은 목소리로 말했다.

"괜찮아, 생각이 안 나는 게 당연한 거야." 마스터가 다독여주었다.

"정말이요? 그럼 왜 이번에는 생각이 안 나는 거죠?"

"그 이유는 지금 말한 것들이 눈에 보이거나 손에 잡히는

덩어리의 형체가 있는 게 아니라서 그래."

"그러고 보니 그렇네요."

"먼저 얘기했던 호랑이, 설탕, 풍선 따위는 눈에도 보이고 손에 잡히는 형체를 가진 단어들이잖아?"

"네."

"그런데 방금 얘기했던 용감함, 부도, 방식 따위의 단어는 눈에 보이거나 손에 잡히는 형체가 있는 것들이 아니지."

"맞아요."

"심지어 와가두구(서아프리카 부르키나파소의 수도)나 엘아이운(사하라 아랍 민주 공화국의 수도)은 무슨 뜻인지조차 모르겠지?"

"네."

"이렇게 우리 뇌는 눈에 보이고 손에 잡히는 형체가 있을 때 기억이 더 잘되는 특성이 있단다."

"아하, 그렇군요."

그렇다면, 형체가 없는 추상적인 단어의 정보들은 어떻게 생각해야 할까? 방법은 간단하다. 우리 뇌가 잘 기억하는 방식인 눈에 보이고, 손에 잡히는 형체로 생각하면 된다. 그런데 원래 형체가 없는 추상적인 단어인데 어떻게 형체로 생각한단 말인가?

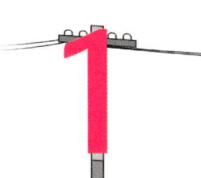

그건 우리 뇌를 속이면 된다. 추상적인 것들을 형체가 있는 것인 양 만들어 우리의 뇌를 착각하게 만들면 된다는 소리다. 이렇게 하는 이유는 우리의 뇌가 눈에 보이고 손에 잡히는 형체를 훨씬 더 잘 기억하기 때문이다. 이건 우리 뇌의 잘못이 아니다. 그냥 뇌의 특성이 그럴 뿐이다. 이제 뇌의 특성을 알아버렸으니 그 특성을 이용해 기억을 잘 할 수 있는 방법을 써보자.

그럼 어떻게 우리 뇌를 속일까? 참고로 우리 뇌는 생각보다 잘 속는다. 가령 영화 중에 핸드헬드 기법으로 찍은 영화가 있다. 카메라를 트라이포드에 고정하지 않고 손으로 들

고 찍는 방식인데 화면이 계속 흔들린다는 특징이 있다. 이런 핸드헬드 기법으로 촬영된 영상을 보면 멀미가 난다는 사람들이 있는데 이 멀미는 실제 멀미와 같은 원리로 발생한다. 즉 눈으로 들어오는 정보와 몸의 균형감각이 일치하지 않아 이런 현상이 나타나는 것이다. 난 분명히 가만히 있는 데도 커다란 스크린이 계속 흔들리고 있기 때문에 뇌가 실제 움직이는 것으로 착각해 멀미를 일으키는 것이다.

이렇게 완벽하지 않은 뇌의 특성을 이용해 이제 우리가 기억하는 데에도 적용해보자. 우리 뇌는 읽을 수 없는 것들은 거의 기억하지 못한다. 읽을 수는 있지만 의미가 없는 것 역시 기억하기 힘들어한다. 의미가 있지만 눈에 보이거나 손으로 만져지지 않는 형체가 없는 것들 또한 기억하기 어려워한다. 하지만 눈에 보이고 만져지는 형체를 가진 것은 훨씬 잘 기억한다. 자, 그럼 이제 이런 뇌의 특성을 역이용해보자.

 방법은 우리 뇌가 외우기 어려워하는 추상적인 단어들을 우리 뇌가 쉽게 기억하는 방식인 눈에 보이고 손에 잡히는 형체를 가진 단어들처럼 보이게 속이는 것이다. 기억을 위해선 생각을 해야 하는데 생각하기가 어렵기 때문에 생각하기 좋게 모습을 조금 바꾸는 것이다. 이를 **생각처리**라고 한다. 곧 우리 뇌에 잘 들어가는 모양으로 깎고 다듬는 과정을 말한다.

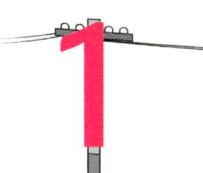

그렇게라도 생각해야 해

"그럼 어떻게 생각해야 됐던 건가요?" 토그가 궁금한 듯 물었다.

"그래, 그럼 예를 한번 들어보자. 식당에는 방식이 있었거든?"

"아~ 그런 거 같네요."

"방식은 눈에 보이지도 손에 잡히지도 않아 기억하기 어려운 거야."

"맞아요." 토그가 맞장구쳤다.

"자, 그럼 우리의 뇌를 한번 속여볼까?"

"어떻게요?"

"'방식'을 '**방석**'으로 바꾸는 것은 어떨까? 방석은 적어도 눈에 보이고 손에 잡히는 형체잖아? 그러니 틀림없이 우리 뇌가 훨씬 더 잘 기억하겠지?"

"네, 그렇기는 한데 그렇다고 방석이 정답은 아니잖아요?"

"맞아, 하지만 방석이라는 단서에서 방식을 기억해 내는 건 어렵지 않아."

"아, 그렇군요."

"응, 그리고 단서는 많을수록 좋아. 예를 들면 식당 방바닥이 차가워 손님들이 불평을 하니 주인이 '방석'을 깔아놓는 '방식'을 택했다라고 생각하면 되는 거야."

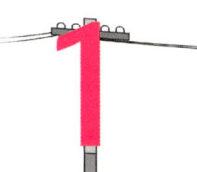

"오~ 식당에 방석을 깔아놓는 방식, 좋은데요."

"그렇지, 이제 식당하면 방식이 생각날 꺼야. 우리 뇌를 성공적으로 잘 속인거지."

"아하!" 토그는 뭔가 알겠다는 듯 무릎을 치며 감탄했다.

"다음으로 버스 정류장에는 부도가 있었거든?"

"부도, 그렇다면, 부도를 낸 사장이 기운이 빠진 채 버스를 기다리고 있으면 어때요?" 토그가 곰곰이 생각해 보더니 말했다.

"음, 잘했는데 기운이 빠진 사람은 눈에 보이고 손에 만져지는 형체가 있지만, 그 사람이 부도를 냈다는 것까지 연결

그렇게라도 생각해야 해

되기는 힘들 수 있어."

"아, 그렇군요."

"차라리 부도를 내고 축 처져 있는 사람 앞에 **불독**이 정신 차리라는 듯 왈왈 짖어대는 편이 훨씬 나아. 당연히 불독은 눈에 보이고 손에 잡히기 때문이지. 이 '불독'이란 단어가 발음이 비슷한 '부도'를 생각나게 하는 단서가 되는 거야."

"오, 재미있네요." 토그가 빙긋 웃으며 말했다.

"자, 그 다음 단어인 '용감함'은 누군가가 용감한 행동을 하고 있는 것으로 생각하려고 했지?" 마스터가 웃으며 토그에게 질문했다.

"네, 맞아요, 그렇게 하면 안되나요?"

"안될 거야 없지만 그렇게 할 경우 기억이 나지 않을 확률이 높아. 그렇게 하면 우리 뇌는 그 생각한 것 중에서 눈에 보이고 손에 잡히는 누군가라는 사람만 생각이 나서 '그 사람이 뭘 했더라?' '무슨 행동을 한 거 같은데?'까지만 생각날 뿐이거든."

"그렇군요, 그럼 어떻게 하는 게 나을까요?"

"'용감함'은 함은 함인데 **용**이 칭칭 **감**고 있는 **함**이라고 생각하면 어때? 이렇게 하면 전부 눈에 보이고 손에 잡히는 것들이잖아. 이렇게 생각하기가 잘 되지 않는다면, 적어도 혼자서 **용감**하게 **함**을 메고 가는 예비 신랑이라고까지는 생각을 해야 할 거야."

"그러니까 억지로라도 눈에 보이게 만들라는 말로 들리는데요?"

"그렇지, 핵심을 잘 짚었구나, 우리 토그가." 마스터가 토그를 칭찬하며 계속해서 말했다.

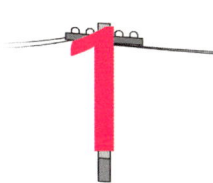

"그렇지 않으면 너무 많은 시간을 들여 외워야 해 고통스럽지. 이제 우리 뇌의 특성을 잘 알았으니 우리 뇌가 잘 기억하는 방식을 선택해야 해. 그래야 시간도 단축되고 어렵

지 않게 기억할 수 있거든."

"네, 알겠어요."

"그렇다면 '와가두구'처럼 읽을 수는 있어도 무슨 뜻인지는 전혀 모르겠는 것들은 어떻게 생각해야 할까?"

"와, 정말 어려운데요." 토그가 난감한 듯 머리를 긁적였다.

"경찰서 유치장에서 술이 깬 경상도 아저씨가 '내를 **와 가 두구** 난린교?'라고 소리치는 장면이나 두부를 파는 경상도 아줌마가 '**와가 두부** 좀 사 가이소'라고 말하는 장면을 생각하면 어때?"

"와, 재미있다! 그런데, 이런걸 어떻게 그렇게 잘하세요?"

"하하, 누구나 처음엔 어렵지. 계속 그렇게 생각하려고 훈련하다 보면 다 잘 할 수 있게 된단다. 토그도 열심히 하렴."

"네!" 토그가 씩씩하게 대답했다.

이렇듯 무언가를 기억하는 핵심은 우리 뇌가 쉽게 기억하는 방식으로 생각하면 되는 것이다. 될 수 있으면 눈에 보이고 손에 잡히는 형체를 가진 것으로 말이다.

물론 추상적인 단어를 눈에 보이고 손에 잡히도록 생각하기는 어려울 수 있다. 말을 만들어 내는 게 쉽지 않기 때문이다. 아무리 엘아이운이라는 단어를 봐도 생각이 나지 않을 수 있다는 것이다. 그러므로 꾸준히 훈련하도록 노력해야 한다.

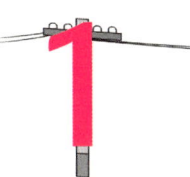

그런데, 이때 위력을 발휘하는 사람들이 있다. 흔히 말장난이라고 불리는 언어유희를 즐기는 사람들이다. 이런 사람들은 평소에 썰렁하다는 핀잔을 들을지는 몰라도 기억력에 있어서는 탁월한 재능을 발휘하는 사람들이다. 아재개그로 주위를 당황하게 만든 적이 있는 사람은 지금 즉시 기억력 스포츠의 세계로 들어오기 바란다. 환영을 받는 것은 물론 월등한 실력을 발휘하게 될 것이다.

그럼 마지막으로 엘아이운도 한번 외워보자. 엘아이운은 서사하라의 수도이다. 엘아이운을 여러분이라면 어떻게 외우겠는가? 먼저 한번 생각해보기 바란다.

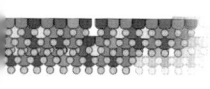

엘리베이터에서 노래 부르는 **아이유**나 엘리베이터에서 **아이가 울**고 있다고 생각하면 되겠다. **에라이 운**전도 못하면서 사하라 사막을 자동차로 가겠다고? 하며 핀잔을 주고 있는 모습을 생각해도 좋다. 장면이 눈에 선하도록 생각해보기 바란다.

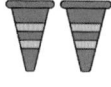

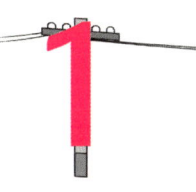

뇌의 특성을 역이용하는 거지

"토그, 이걸 한번 외워볼래?"

#♤₩}&€○※◇@*☆×%

"이게 뭐예요? 읽을 수도 없는걸요?"
"읽을 수 없어서 외우기 힘들구나? 그럼 이걸 외워봐."

웝숩쳤랑털낵캪펭붤

"읽을 수만 있지 아무 의미도 없는 거잖아요?"
"그래? 분명 읽을 수는 있지만 의미가 없어서 외우기 어렵지? 그럼 이건?"

'사항', '매체', '처분', '빌미', '공간', '헛수고'

"음, 뭔가 좀 어려워 보이는데요?"
"맞아, 분명 의미는 있는 것들이지만 한번 읽어서는 기억하기가 쉽지 않지."
"맞아요."
"그렇다면 이건 어때?"

'날개', '메뉴판', '가로등', '참치캔', '바퀴'

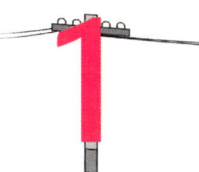

"이건 외울 수 있을 거 같아요."
"그렇지, 이건 우리가 이미 알고 있는 것들인데다 눈에도 보이고, 손에도 만져지는 형체들이기 때문이지."
"네, 맞아요."
"날개처럼 메뉴판이 펄럭이며 날아가다 가로등에 부딪히자 참치캔이 우르르 떨어졌다. 참치캔은 지나가던 자동차 바퀴에 깔렸다. 어때?"
"우와, 이야기가 자연스럽게 이어지면서 기억이 잘 될 거 같아요."

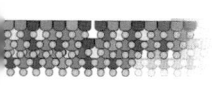

"맞아, 이런 식으로 생각을 하면 훨씬 기억이 잘 나게 돼."

"아하."

정리해보면, 읽을 수 없는 것 보다는 읽을 수 있는 것이 훨씬 기억에 용이하다. 단순히 읽을 수 있는 것 보다는 의미가 있는 것이 기억하기가 수월하다. 의미가 있는 것보다는 형체를 가진 것들이 훨씬 더 기억이 잘 난다. 게다가 그것들을 묶어 이야기를 만들면 더욱 기억이 잘 날 것이고, 거기에 움직임이 있는 애니메이션으로 생각한다면 훨씬 기억이 잘 될 것이다.

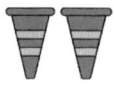

어렵고 추상적인 정보라 하더라도 앞서 얘기했듯이 우리 뇌가 쉽게 기억하는 방식으로 기억하면 훨씬 기억이 잘된다. 즉, 추상명사는 눈에 보이거나 손에 잡히는 정보가 아니라 외우기 어려우므로 마치 눈에 보이고 손에 잡히는 형상명사인 것처럼 우리 뇌를 속여서 기억하면 된다. 그러니까 무조건 우리 뇌가 좋아하는 방식으로 기억하는 것이다.

우리의 뇌는 이미 불규칙한 것에서도 패턴을 찾거나 의미를 추출해내는데 익숙하다. 역삼각형 모양으로 점 3개를 찍어 놓으면 우리는 그것을 사람 얼굴로 인식한다. ^_^ 이런 이모티콘 역시 이 현상을 이용해 만들어졌으리라. 이는 전문용어로 아포페니아의 한 유형인 '파리에돌리아 pareidolia'라는 현상이다. 이런 심리학적 기재로 볼 때 사람은 무의식적으로 기억에 특화된 존재가 아닌가 싶다. 불규칙 속에서 규칙을 찾아내고, 연관성이나 패턴을 찾아내는 건 기억에 매우 유리한 행동이기 때문이다. 남들이 보면 그냥 추상적인 그림일 뿐이지만 기억력선수들은 거기에서 토끼도 찾고, 활 쏘는 사람도 찾아내 기어이 기억해내고 만다. 추상적인 정보에서 구체적인 정보를 찾아내는 훈련이 되어 있는 것이다. 그래야 기억하기 쉽고, 기억을 오래 지속할 수 있다.

그러므로 눈에 보이고 손에 잡히는 형체를 더 잘 기억하는 우리 뇌의 특성을 역이용하자. 설령 눈에 보이지 않고 손에 잡히지 않는 정보라 할지라도 말이다.

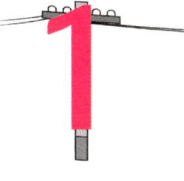

반칙을 써서라도!

"마스터님." 토그가 나지막이 마스터를 불렀다.

"응?"

"근데, 단어를 뜻에 맞게 온전하게 외워야지 그렇게 왜곡해 외우는 건 일종의 반칙 아닌가요?"

"좋은 질문이야. 그런데 이건 단지 우리 뇌가 쉽게 기억하는 방식을 알아내 그 특성을 이용하는 것일 뿐이야. 게다가 이 모든 일은 단지 우리 머릿속에서만 일어나지. 다른 사람들은 우리 머릿속에서 무슨 일이 일어나고 있는지 전혀 몰라."

"그건 그렇죠."

"다른 사람들은 우리가 기억하는 모습과 기억한 것을 인출하는 모습만 보게 돼. 그리고 온전히 기억해 냈을 경우 놀라움과 신기함에 기꺼이 박수를 쳐주지. 기억하는 도중에 우리 뇌에서 어떤 일이 벌어지는지는 다른 사람 눈엔 전혀 보이지 않아. 나와 나의 뇌만 알고 있을 뿐이지."

"그렇군요."

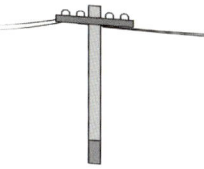

혹시 토그와 비슷한 생각을 한 독자는 없는가?

기억법이란 기억해야 할 정보를 머릿속에 넣되 어떻게 하면 쉽고 빠르게 넣느냐 하는 방법론이다. 사실 기억해야 하는 정보를 머릿속에 저장하는 방식은 다양하다. 필자는 그중에서 가장 쉽고 빠른 방법을 설명하고 있는 것이다.

이런 면에서 기억법은 흡사 마술과도 비슷하다. 마술사는 쉽고 빠르게 동전을 없애기도 하고, 손수건에서 비둘기를 꺼내기도 한다. 우리는 이런 마술을 보고 마술이 끝나면 박수를 친다. 신기하기 때문이다. 그런데 가끔 어떤 마술사는 그 마술의 비밀을 가르쳐 주기도 한다. 그렇게 그 마술의 비밀을 알고 나면, 마치 속은 듯한 느낌도 들고 별거 아니었구나라는 생각이 들기도 한다. 처음 그 마술을 봤을 때의 신

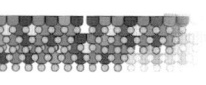

기함은 온데간데없이 사라지는 것이다. 기억력도 마찬가지다. 외워야 할 것들을 외워 말해주면 신기해 박수를 치다가도 어떻게 외웠는지를 알려주는 순간 기억법은 우스꽝스러워진다.

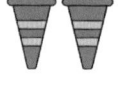

사실 무언가를 외운다는 건 방법만 알면 무척 쉽다. 단지 우리가 어렵게 외우려고 할 뿐이다. 영어 단어를 외운다고 하자. 영어단어를 외우는 방법은 참으로 많다. 무작정 반복하는 암기도 있고, 발음을 우리말로 바꾸는 연상법도 있고, 어원으로 외우는 방법도 있다. 보통 영어단어를 단어 그대로 외우는 건 쉽지 않다. 모국어가 아니기 때문이다. 그래도 모국어가 아닌 언어의 단어를 외워야 하는 건 불가피한 일이다. 하지만 영어라는 특성을 들어 영어단어를 외울 땐 반드시 어원으로 외워야 한다고 주장하는 건 곤란하다. 어원으로 외우는 방법만이 정도이고, 올바른 방법이며, 다른 방법으로 외우는 건 싸구려 방법이라 매도해서도 안 될 것이며, 반칙처럼 여겨도 안 될 것이다.

필자가 영어 리스닝 공부를 위해 방법을 검색해 보니 정말 많은 방법이 나왔다. 영화를 한편 골라 매일 들으라는 사람도 있었고, 영화는 안 되니 드라마를 보고, 문장을 외우라는 사람도 있었다. 제각기 자신의 방법이 가장 낫다고 홍보하고 있었고 또 다 맞는 말 같았다. 중요한 것은 다 괜찮은 방법이지만 그중에서 자신에게 맞는 방법을 찾아야 한다는 것이다.

만일 영어단어는 어원으로 외우는 게 가장 낫다고 주장한다면, 그것은 그 방법이 그 사람에겐 잘 맞았던 것이다. 고상하고 올바른 방법 같지만 어원은 어디에서 뚝 떨어지는 게 아니다. 어원도 외워야 하는 것이다. 이는 공부를 공부로 외우는 방법이다. 이 방법은 공부하는 걸 좋아하는 사람에게 딱 맞는 방법이다. 나는 이 방법이 틀렸다고 말하고 있는 게 아니다. 각자에게 맞는 공부 방법이 존재한다는 말하고 있는 것이다.

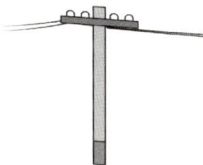

공부가 제일 쉬웠다라고 말하는 책이 있었다. 나는 그 저자의 말이 거짓말이라고 생각하지 않는다. 그 저자는 정말 공부가 제일 쉬웠을 것이다. 왜냐하면 공부가 그 사람한테 잘 맞았고, 그 사람은 자신에게 맞는 방법을 잘 선택했을 뿐이니까.

영어단어를 연상법으로 외우든, 어원으로 외우든, 자기

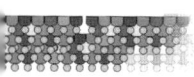

자신에게 맞는 방법을 찾아 외우면 된다. 자기 자신에게 맞는 방법은 자기 스스로 찾아야 한다. 자기 자신을 가장 잘 알 수 있는 사람은 바로 자기 자신이기 때문이다.

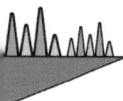

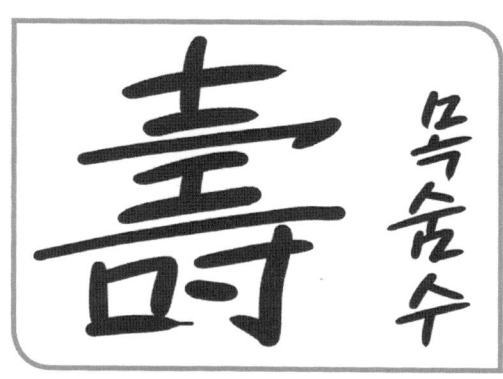

중학교 때 한문 선생님께서 '목숨 수' 자를 가르쳐 주실 때 하신 말씀이 있다. 아직도 잊혀지지가 않아 필자는 여전히 목숨 수 자를 어렵지 않게 쓸 수 있다. '**사일이랑 공일이랑은 구촌간이다**'라는 말씀이었다. 목숨 수 자를 파자 해보면 위로부터 아래로 선비 사, 한 일, 장인 공, 한 일, 입 구, 마디 촌 자로 이루어져 있는데, 이것을 그대로 읽어 말을 만든 것이었다. 그 딱 한번의 가르침으로 나름 어려운 한자를 쉽게 외울 수 있었다.

이는 전혀 반칙이 아니다. 우리의 두뇌가 쉬워하고 좋아

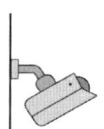

하는 방법을 알고 이를 역이용해 쉽게 외우게 한 것이다. 지금까지 외우고 있다는 것이 중요한 것이고, 일단 외우고 나면 어떻게 외웠는지는 중요해지지 않는다. 이미 머릿속에 들어와 있기 때문이다. 결국 기억법은 머릿속에 쉽게 집어넣기 위한 과정인 것이다.

<u>기억법은 무언가를 기억하는 것이 고통스러운 게 아니고, 오히려 재미있는 거라고 우리 뇌를 설득시키는 작업이다</u>

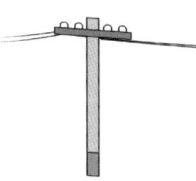

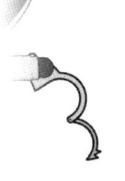

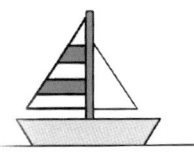

연결 정보의 특징을 살려봐

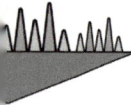

"토그."
"네."
"그럼 과일가게에 강세란 단어를 연결해 보겠니?"
"네, 강세… 쉽지 않네요."
"그렇지?"

"아, 과일가게가 문을 닫아서 문을 **강**하게 **세** 번 두드렸어요."
"오, 잘했는걸?"
"헤헤."
"그런데, 이 경우는 과일가게의 특징이 별로 없는 게 단점

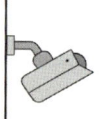

이야."

"과일가게의 특징이요?"

"응, 지금은 과일가게를 철물점으로 바꾸거나 음식점으로 바꿔도 다 말이 되잖아?"

"음, 그렇네요."

"그렇지, 그래서 이런 경우는 과일가게의 특징도 살려서 이렇게 하는 게 나아."

"어떻게요?"

"어떤 손님이 수박이 잘 익었는지 **강**하게 **세** 번을 두드려 보다가 수박이 깨져 어쩔 수 없이 사야 했다라고."

"아하, 그래야 과일가게에서만 일어날 수 있는 일이 되겠군요!"

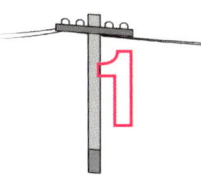

추상적인 정보를 눈에 보이고 손에 잡히는 것처럼 생각처리한 후에는 함께 연결할 정보와 자연스럽게 연결해야 한다. 이때 중요한 것은 두 정보간의 특징이 다 나타나야 한다는 것이다. 예를 들어, 축구장과 소문이라는 단어를 연결한다고 하자. 축구하는 사람들이 귀속말로 **소문**을 내고 있다

고 하는 것은 썩 좋지 않다. 축구하고 있는데 **소**가 **문**을 부수고 들어와 축구하던 사람들이 다 도망친다고 하면 나쁘지 않은 정도다. 한발 더 나아가 축구장의 특징을 더 추가해 문을 부수고 들어온 소가 축구공을 골대 앞까지 몰고 가서 슛을 날리는 모습을 생각한다. 이렇게 하면 소문을 적절하게 생각처리했고, 연결할 정보의 특징도 잘 들어가 있기 때문에 기억날 확률이 높아진다.

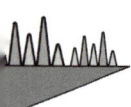

이 원리를 살짝 실제에 적용해 보자. 24절기 중 상강이라고 있고, 이는 서리가 내리기 시작하는 때라는 뜻이다. 어떻게 이 뜻을 기억해야 할까? 이 뜻을 기억하려면 먼저 상강이란 단어를 생각처리해야 한다. 발음이 비슷한 **생강**이나 **상감**마마 정도면 되겠다. 하지만 여기서 그쳐서는 안 된다. 중요한 내용인 서리가 내린다는 것은 전혀 들어가 있지 않기 때문이다. 그렇다면 어떻게 해야 할까? **생강**이 서리를 맞을까 봐 손으로 덮어주었다 라고 생각하는 것이 좋다. 여기서 더 나아가 손으로 덮어주고 있는 사람이 **상감**마마라고 생각하면 단서를 하나 더 다는 격이 된다. 단서는 많을수록 좋기 때문이다.

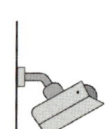

이렇듯 정보를 생각처리하여 단순 연결하는 것보다는 각

각의 정보의 특징이 잘 나타나게 연결해 주어야 훨씬 기억이 잘 난다. 또한 학습적인 면에서 볼 때도 훨씬 더 고급스러운 기억 방법이라고 할 수 있다.

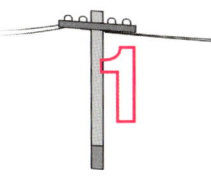

연습문제

자, 그럼 또 생각을 해보자.

생각해야 할 정보가 추상적이다. 눈에 보이고 손에 잡히도록 생각처리해보자. 그리고 잘 기억이 나는지 다음 쪽에 정답을 적어보자.

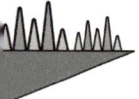

첫 번째 생각

병원에	**기록**
옥상에	**판타지**
건물외벽에	**거주자**
택배상자에	**일기**
에어컨에	**수강생**

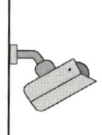

두 번째 생각

유모차에	**번역**
번호키에	**질병**
베란다에	**인도**
자전거에	**진실**
유치원에	**월요일**

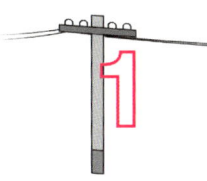

세 번째 생각

학교정문에	**욕구**
운동장에	**광채**
화단에	**수업**
화장실에	**아픔**
교실에	**비율**

연습문제

조금 어려웠을것이다. 자, 그럼 앞 쪽에서 생각한 것들이 기억이 나는지 정답을 적어보자.

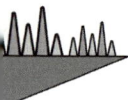

첫 번째 생각

병원에	
옥상에	
건물외벽에	
택배상자에	
에어콘에	

두 번째 생각

유모차에	
번호키에	
베란다에	
자전거에	
유치원에	

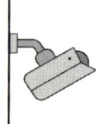

세 번째 생각

학교정문에	
운동장에	
화단에	
화장실에	
교실에	

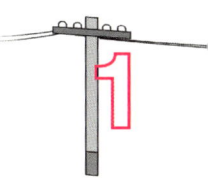

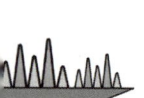

기억은 생각자리에 생각단서를 남기는 것이고
회상은 생각자리에서 생각단서를 찾는 것이다

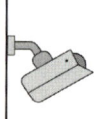

03
기억의 궁전에 속지 마라

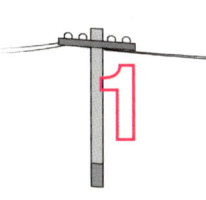

혼자는 외로워?

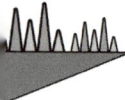

"토그~." 마스터가 토그를 불러 말했다.
"흰색이 잘 보일까? 검은색이 잘 보일까?"
"음, 검은색이요."
"왜?"
"검은색이 더 진하니까 잘 보이지 않을까요?"
"그래? 그럼 조금 있다가 날이 어두워지면?"
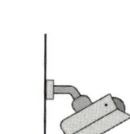
"그때는 흰색이 더 잘 보이겠죠."
"답이 달라졌네?"
"그럼요, 상황에 따라 다르죠."
"하하, 그래, 사실 이 질문은 우문이야. 어둑한 저녁쯤에는 흰색이, 하얀 백사장 위에서는 검은 색이 더 잘 보일 것이기 때문이지."

"맞아요."

"중요한 건 이렇게 색은 그 색 혼자 있을 수가 없다는 거야. 항상 주위에 다른 색이 있게 마련이거든. 앞에 어떤 색이 있으면 뒤에도 어떤 색이 있게 돼. 이를 전경색과 배경색이라고 불러. 여기서 나온 개념이 바로 대비야. 색과 색의 조화는 우리에게 어떤 느낌을 주거든. 어울리기도 하고, 촌스럽기도 하고."

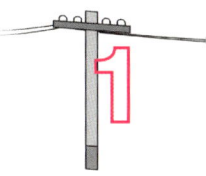

"아하."

"어울리는 색상끼리 있으면 눈에 편하고 시각적 아름다움을 느끼게 되지."

"맞아요, 하지만 보색끼리 붙어 있으면 어울리지 않기도 해요."

"그렇지, 기억도 마찬가지야."

"기억도요?"

"응, 어떤 단어를 단독으로 외우기는 쉽지 않아."

"색처럼 주위에 다른 단어가 있게 되나요?"

"비슷해, 나도 모르게 다른 어떤 것과 연결 짓게 되지."

"그렇군요."

"응, 그래야 기억이 더 잘 나거든."
"기억은 솔로가 아니라 커플이어야 하는군요."
"하하, 역시 토그는 이해가 빨라."

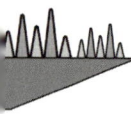

단어 하나를 독립적으로 기억하기는 어렵다. 항상 다른 어떤 것과 연관 지어 함께 있어야 기억이 잘 된다. 이때 기억의 연결을 도와주는 건 대개 지식과 경험이다. 이미 머릿속에 있는 사전지식이나 지금까지의 경험이 기억을 도와주는 것이다.

예를 들어, 피지의 수도가 수바란 것을 외워야 한다고 하자. 수바란 말을 들으면 대개 **수박**이 생각난다. '어? 수도 이름이 수박이랑 비슷하네?'라고 생각하는 순간 수바와 수박을 연결지은 것이다. 하지만 이는 수박이란 단어를 미리 알고 있을 때나 가능한 일이다. 수박이란 과일을 몰랐다면 어쩔 수 없이 어렵게 외울 수 밖에 없다.

또, 니먼이라는 사람의 이름을 외운다고 하자. 이름을 보자마자 중국어로 너희들이라는 뜻의 **니먼**과 발음이 똑같다

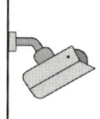

는 사실을 발견한다. 이렇게 되면 기억이 훨씬 수월해지는 것이다. 하지만 이건 어디까지나 중국어를 이미 알고 있을 때나 가능하다. 이렇듯 아는 지식이나 경험이 많으면 많을 수록 기억에도 유리하게 작용한다.

얀자라는 기억력스포츠 선수는 6,7개국의 외국어를 유창하게 한다. 이 선수는 얼굴과 이름을 기억하는 종목을 잘 하는데, 그 이유는 불 보듯 뻔하다. 아는 것이 많으면 기억도 잘하게 되기 때문이다.

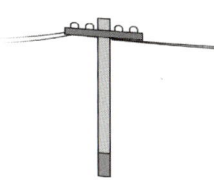

앞서 얘기했던 호랑이를 기억하는가? 그 호랑이는 서점이 배경으로 연결되어 있었다. 순금 역시 붕어빵 틀이 배경으

혼자는 외로워?

로 연결되어 있었다. 호랑이와 서점이, 순금과 붕어빵이 서로 세트로 묶여있어서 서점을 생각하면 그 안에서 책을 물어뜯고 있는 호랑이가 기억나는 원리이다.

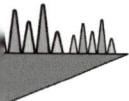

 어떤 것을 기억할 때에는 그 정보를 <u>단독으로 기억하는 것보다 다른 어떤 것과 연결을 지을 때 기억이 더 튼튼해진다</u>는 사실을 잊지 말자.

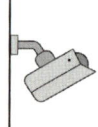

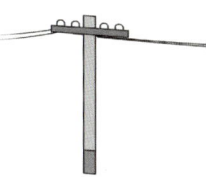

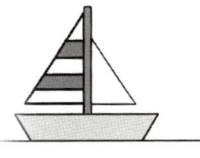

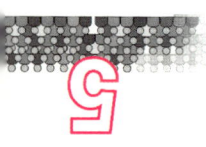

순서대로 외우려면!

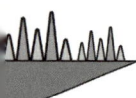

"토그야."

"네?"

"무언가를 순서대로 기억해야 한다면 어떻게 해야 할까?"

"순서대로요?" 토그가 되물었다.

"응, 예를 들어,

독수리, 진공, 와인, 택시, 토끼, 수건, 고래.

이런 단어들을 순서대로 기억해야 한다면 어떻게 외울래?"

"저 같으면 단어들로 이야기를 만들어서 외울 거 같은데

요?"

"오~ 맞아, 기억법에 대해 배워본 적이 없는 사람들도 본능적으로 이야기를 만들어 외우더라고."

"그런데, 그렇게 외우는 게 맞나요?"

"응, 괜찮은 방법이야."

"오."

"앞서 얘기했듯이 단어들을 혼자 기억하는 것보다 다른 것과 연결 지으면 훨씬 기억이 잘되잖아?"

"네."

"단어들을 가지고 이야기를 만든다는 것도 결국 앞의 단어와 뒤의 단어를 연결하는 거잖아?"

"그렇네요."

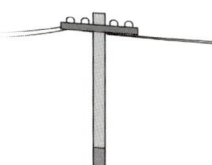

"그럼 이야기를 한번 만들어 볼까?"

"네, 독수리 아줌마가 진공청소기로 청소를 해요."

"좋아."

"청소를 마치고 여유롭게 와인을 한잔 마시죠. 그리고 외출준비를 한 후 나와서 택시를 타요."

"오."

"아, 그런데."

"그런데?"

"택시 운전사가 토끼인 거예요."

"토끼가 왜?"

"그 토끼는 독수리 아줌마의 첫사랑이었죠."

"하하하, 뭔가 너무 나간 느낌인데?"

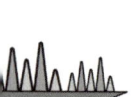

"헤헤, 독수리 아줌마는 너무 당황해서 수건으로 땀을 닦지요"

"그럴만해."

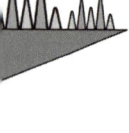

"그런데 앞에서 큰 고래가 입을 떡 벌리고 있다가 택시를 삼켜버렸죠."

"좋아, 잘했어."

이런 식으로 이야기를 만드는 것이다. 이것이 바로 독수리만 단독으로 기억하는 게 아니라 독수리와 진공을 함께 연결하여 기억하는 방법이다. 여기에 다시 와인을 연결하고 택시를 연결하는 방식으로 기억을 하게 되는 것이다.

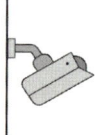

이는 어떤 정보를 단독으로 기억하는 것보다 다른 것과 연결을 짓는 게 기억에 훨씬 유리하기 때문이다. 이렇듯 여러 개의 단어를 기억할 때는 앞 단어와 뒤 단어 둘 사이를

연결하여 이야기를 만들면 기억이 쉬워진다.

  하지만, 이렇게 이야기를 만들어 기억하는 방식은 치명적인 약점을 가지고 있다. 바로 기억할 것이 20개, 40개, 80개로 길어지는 경우다. 이렇게 여러 개의 단어로 이야기를 만들면 중간 어딘가에서 이야기가 끊길 수 있는 위험성이 있다. 만약 그렇게 되면 이야기가 끊긴 이후의 정보들은 모두 기억해 내지 못하게 된다.

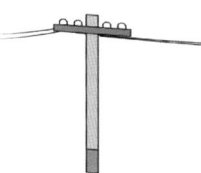

  따라서 순서대로 기억하는 방식의 이런 약점을 보완할만한 기억 방법이 있어야 한다.

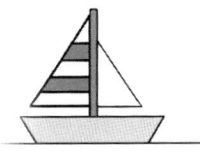

■ 연습문제

다음의 단어들을 가지고 이야기를 만들어 순서대로 기억해보자.

첫 번째 이야기

미사일, 얼음, 환자, 포장지, 고릴라, 팥빙수, 수영장

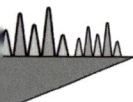

두 번째 이야기

피아노, 흑염소, 보일러, 김밥, 마약, 황금, 계산기

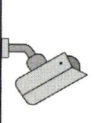

세 번째 이야기

복사기, 지하철, 거북선, 주유소, 부메랑, 공항, 유치원생

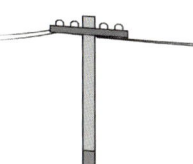

네 번째 이야기

마스크, 잡초, 자석, 세탁기, 한강, 사자, 자동판매기

연습문제

자, 그럼 기억이 잘 나는지 빈 칸에 정답을 적어보자.

첫 번째 이야기

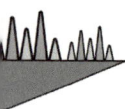

두 번째 이야기

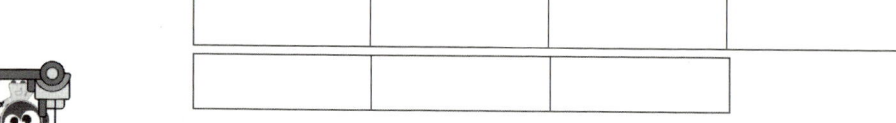

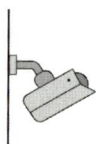

세 번째 이야기

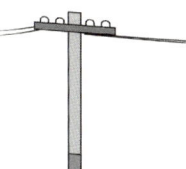

네 번째 이야기

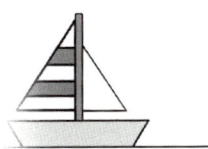

생각자리와 생각루트?

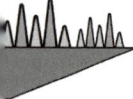

"마스터님."

"응?"

"순서대로 외우며 이야기를 만드는 방법의 단점을 극복할 만한 다른 방법도 있나요?"

"응, 순서대로 외우는 게 핵심이잖아?"

"그렇죠."

"그럼~ 혹시 이미 순서가 정해져 있는 무언가를 알고 있는 게 있니?"

"순서가 이미 정해진 거요? 글쎄요."

"많잖아, 가령, 1, 2, 3, 4, 5, 6 / A, B, C, D, E, F / 빨, 주, 노, 초, 파, 남, 보."

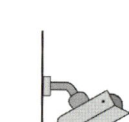

"아, 그렇네요? 가, 나, 다, 라, 마, 바, 사"

"맞아, 이렇게 이미 알고 있는 순서에다 순서대로 기억해야 할 정보를 연결하는 거야."

"아하, **가**에 독수리, **나**엔 진공, **다**엔 와인. 이런 식으로요?"

"응, 그렇지. 그러면 이제 기억이 날 꺼 같니?"

"아, 그런데 **가**나 **나**나 특별한 뭐가 없어서 기억이 잘 안 날 거 같은데요?"

"그렇지, 우리는 이 순서를 기억의 보조도구로 쓸 건데 뭔가 특징이 없어."

"특징이 있어야 하는군요."

"응, 다시 말해 우리의 뇌가 기억하기 좋아하는 눈에 보이거나 손에 잡히는 성질의 것들은 아니란 말이지."

"아하, 순서도 눈에 보이거나 손에 잡혀야 하는 거군요."

"응, 맞아, 이유는 명쾌해. 그래야 기억이 잘 나니까."

"그렇군요. 그럼 그런 건 어떤 게 있나요?"

"가장 많이 사용하는 방법이 바로 '장소'야. **장소 기억법**이라고 들어 본 적 있니?"

"네, **기억의 궁전**이라고 하는 방법 말씀하시는 건가요?"

"맞아, 아주 유명한 방법이지. 하지만 일단 멀리 가지 말

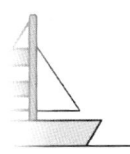

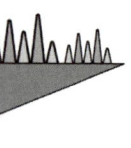

고, 가장 가깝고 가장 쉬운 장소를 먼저 만들어볼까?"

"가장 가깝고 쉬운 장소요? 그게 어디인가요?"

"바로 자기 자신의 몸이야."

"몸이요?"

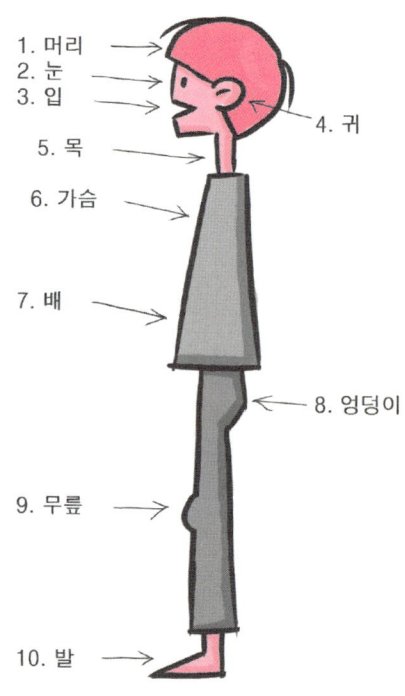

1. 머리
2. 눈
3. 입
4. 귀
5. 목
6. 가슴
7. 배
8. 엉덩이
9. 무릎
10. 발

"응, 우리 몸을 위에서부터 아래로 내려와 보면 머리, 눈, 입, 귀, 목, 가슴, 배, 엉덩이, 무릎, 발, 이렇게 10개의 장소가 나오지."

"아하~ 그렇군요." 토그가 알겠다는 듯 맞장구쳤다.

"이렇게 기억을 위해 이동하는 장소의 경로를 '**생각루트**' 라고 해."

"생각루트요?"

"응, 그리고 머리, 눈, 입 같은 10개의 장소를 생각을 연결할 자리 즉, '**생각자리**'라고 하지."

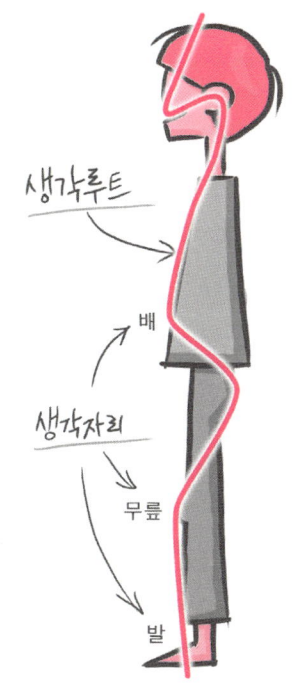
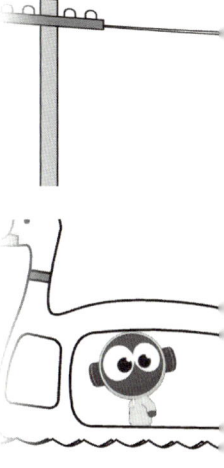

"아하, 생각루트 안에 생각자리가 있는 거군요?"

"그렇지~ 정확해."

앞서 얘기했듯이 외울 대상을 순서대로 외우는 것은 쉽지 않다. 하지만, 이미 알고 있는 순서의 대상과 연결하면 순서대로 외우는 것이 편해진다. 예를 들어 독수리, 진공, 와인, 택시, 토끼, 수건, 고래를 인체에 만든 생각루트의 생각자리와 연결해보자.

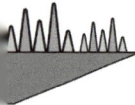

머리 위에 독수리가 앉아 라따뚜이의 생쥐처럼 내 머리로 나를 조종하고 있다. **눈** 가까이로 진공청소기를 점점 가져가자 눈이 빠질 듯이 아프다. **입**으로 와인을 한잔 마신다. **귀**가 막혀 답답했는데 툭툭 쳐보니 택시 한 대가 툭 떨어진다. 날씨가 쌀쌀해 안고 있던 토끼의 기다란 귀를 목도리처럼 **목**에 감았다. **가슴**을 수건으로 닦고 칭칭 감았다. 배꼽에서 고래 한 마리가 점프하며 나왔다가 다시 **배**로 들어간다.

하나의 예시이지만, 이런 식으로, 외워야 할 정보와 생각자리의 순서를 맞춰 이야기를 만들어 나가면 되는 것이다. 그리고, 기억해 내려면 머리와 눈, 입, 귀의 생각루트를 순서대로 생각만 하면 된다. 그러면 그곳에 연결되었던 정보가 순서대로 생각이 날 것이다.

머리 위에 앉아있는 것은 무엇인가? 눈은 무엇과 연결되어 있는가? 입은? 귀에서 나온 것은? 목을 감은 것은? 가슴과 연결된 것은? 배에서는 뭐가 나왔나? 전부 기억이 잘 나

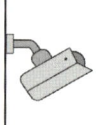

는가?

그럼 이제 생각자리를 이용하는 방법과 전에 썼던 이야기를 만드는 방법 이 두 가지를 섞어보자. 단어들로 이야기를 만든 후 생각자리에 연결하는 것이다. 즉, 생각자리 하나에 단어 하나씩 연결하는 것이 아니라, 두 개나 세 개를 연결한다는 말이다.

두 개씩 이야기를 만들어 연결해보자. **머리** 위에서 **독수리**가 **진공**청소기로 내 머리카락을 빨아들이고 있다. **눈**에 **와인**을 쏟는 바람에 **택시**를 타고 병원에 간다. **입** 속에서 **토끼**가 **수건**으로 내 이빨을 닦아주고 있다. 이런 식으로 말이다.

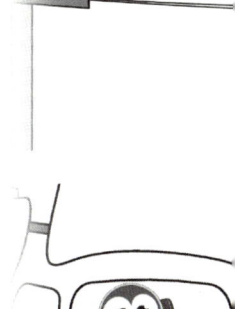

이렇게 했을 때의 장점은 일단 생각자리의 수를 반으로 줄일 수 있다는 것이다. 나중에 실력이 늘어 많은 것을 기억할 때는 생각자리의 낭비를 줄이는 것도 무척 중요한 일이 된다. 또 이야기를 만든 두 가지가 서로 연결만 잘 되어 있으면 서로를 기억해 내는데 도움을 주기도 한다.

여기서 중요한 것은 항상 같은 개수로 이야기를 만들어야 한다는 것이다. 이야기를 만드는 단어의 개수가 여기서는 두 개, 저기서는 네 개, 또 다른 곳에서는 세 개 이런 식으로 제각각이면 곤란하다는 말이다. 중간에 한 두 개 빼먹을 확

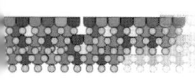

률이 높아지는 위험성이 있다. 두 개면 두 개, 세 개면 세 개 확실히 정해 놓는 것이 좋다.

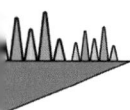

이런 기억법을 실생활 속에서 적용하려면 이런 무작위의 단어 대신 기억해야 할 유용한 정보 등으로 바꾸면 된다. 즉, 마트에서 사 와야 할 물품이나, 해야 할 일, 상사의 지시사항 등의 목록을 기억하면 되는 것이다. 자, 그럼 이제 생각루트와 생각자리를 좀 더 만들어 기억을 수월하게 해보자.

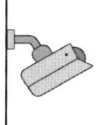

연습문제

다음의 단어들을 생각자리에 2개씩 연결해 순서대로 기억해보자.

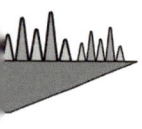

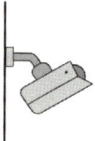
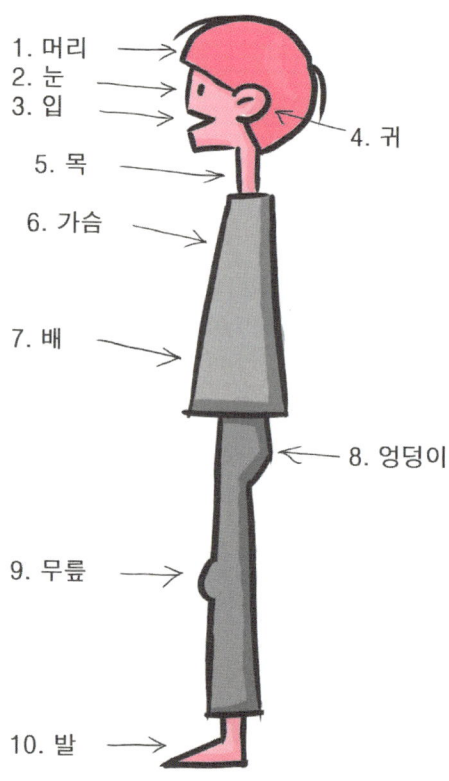

1. 머리
2. 눈
3. 입
4. 귀
5. 목
6. 가슴
7. 배
8. 엉덩이
9. 무릎
10. 발

첫 번째 단어들

1. 골키퍼 2. 도서관 3. 인공위성 4. 농구공 5. 말벌
6. 모자 7. 노트북 8. 심판 9. 선생님 10. 달걀

두 번째 단어들

1. 거울 2. 야구 3. 시험지 4. 칼 5. 코트
6. 꼬리 7. 팝콘 8. 포스터 9. 고슴도치 10. 쌍둥이

■ **연습문제**

자, 그럼 기억이 잘 나는지 빈 칸에 정답을 적어보자.

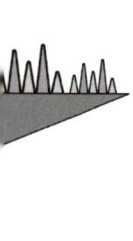

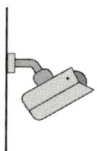
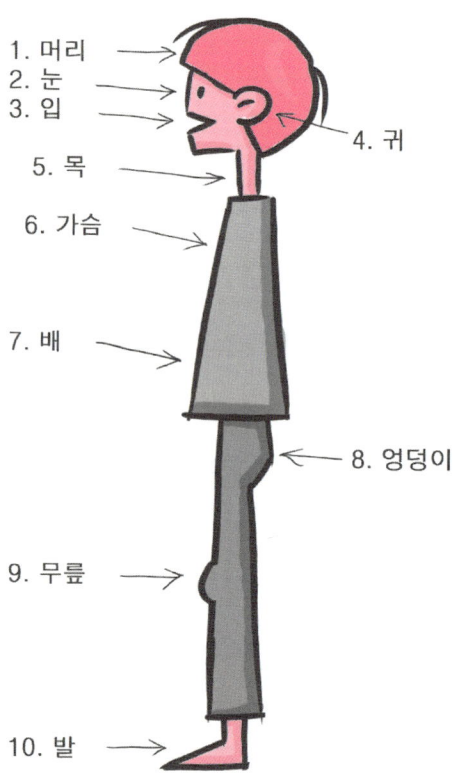

1. 머리
2. 눈
3. 입
4. 귀
5. 목
6. 가슴
7. 배
8. 엉덩이
9. 무릎
10. 발

첫 번째 단어들

1.	2.	3.	4.
5.	6.	7.	8.
9.	10.		

두 번째 단어들

1.	2.	3.	4.
5.	6.	7.	8.
9.	10.		

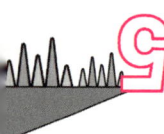

기억의 궁전을 버려라

"토그, 기억의 궁전이란 걸 알고 있다고 했지?"
"네."
"그럼 자신만의 기억의 궁전은 좀 만들어봤니?"
"네, 집 안에 있는 물건들을 지정했더니 한 50개가 나왔어요."

"그 정도면 충분한 것 같아?"
"아뇨, 많이 모자라요. 장소를 반복해서 쓰니까 헷갈리기도 하구요."
"맞아, 적어도 300개 정도는 있어야 할 텐데 말이야. 더 안 만들거니?"

"아뇨. 만들어야죠. 그런데 더 이상 만들 곳이 없어요."

"집에서 학교를 가는 길이나 학교 내에서도 만들 수 있잖아?"

"그렇게 해도 간신히 100개 정도까지는 몰라도 300개는 엄두가 안나요." 토그가 난감한 표정으로 말했다.

"그래, 기억의 장소를 만드는 일은 대부분의 사람들이 다 어려워해."

"맞아요, 뭐 좋은 방법이 없을까요?"

"음, 그렇다면, 장소를 만드는데 경험의 요소를 넣어보는 건 어떨까?"

"경험의 요소요?"

기억력을 고민하던 사람들은 결국 '기억의 궁전'이란 방법을 고안해냈다. 기억의 궁전이란 말을 들어본 적이 있는가? 아마도 기억법에 조금이라도 관심이 있는 사람이라면 상식처럼 알고 있는 말일 것이다. 기억의 궁전은 장소를 활용한 기억법의 대표주자로서 어떤 건물 안에 들어가 보이는 곳곳마다 미리 순서를 매겨놓는 방법을 말한다. 미리 정한 순서에 맞게 정보를 연결 지어 기억한 후 인출을 위해선 다시 한 번 그곳을 순서대로 거닐며 그 장소나 소품에 연결했던 정

보들을 기억해내는 것이다. 그러니까 뭔가를 순서대로 기억해야 할 때 아주 유용한 방법이다.

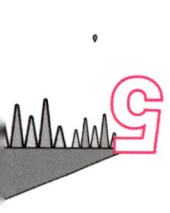

기억의 궁전은 참 좋은 기억방법 중 하나임에는 틀림없다. 하지만 기억의 궁전이란 말이 기억장소를 만드는데 적잖은 오해를 불러일으킨 것도 사실이다. 일단 기억의 궁전이란 말이 그렇다. 여러분은 궁전을 본 적이 있는가? 우리는 궁전의 문화를 소유하고 있지 않다. 기억법이 서양에서 시작했기 때문에 그렇게 이름이 지어졌는지는 몰라도 우리에게는 좀 낯선 표현이다.

차라리 기억의 궁궐이었으면 우리로서는 더 친숙하게 받아들였을지도 모른다. 또 궁전이라는 이름 때문에 건물을 짓듯 지어야 하는 것으로 이해하는 사람도 적지 않다. 일단 궁전을 하나 짓고 그 안을 들어가보면 직장이 되기도 하고, 학교가 되기도 하는 것이다. 자신에게 익숙한 공간을 지정해야 한다는 원칙도 몰라 모든 곳을 상상으로 만들기도 한다. 그러다 보니 기억의 궁전 하나 짓는데 한달 씩 걸리고 그러다 보니 지레 지치게 된다. 만드는데 오래 걸리기도 하지만 모든 곳이 생소한 곳이다 보니 장소를 외우는 데에도 상당한 시간을 빼앗기게 된다.

그렇다면 기억의 궁전은 어떻게 만들어야 할까? 한번 순서대로 기억하기 위한 장소를 만드는 방법을 알아보자. 생각을 저장하는 경로라는 뜻의 '**생각루트**'는 실내 장소의 개념인 **기억의 궁전**과 실외 길거리를 거니는 **여행법**을 합친 개념이다. <u>무엇보다도 생각루트의 가장 큰 특징은 '장소'의 개념에다 '경험'의 개념을 추가한 것이다.</u> 경험이 바탕이 된 장소들로 이루어진 것이 특징이란 소리다.

그렇다면, 장소를 만들 때 경험을 최대한 활용하라는 말은 어떻게 하란 뜻일까? 경험이라 함은 자기 자신이 실제로

보고 듣고 겪으면서 몸소 해 본 것들을 말한다. 그 경험을 최대한 살려 생각루트를 만들어 보자.

곧 기억이 생각이라면 장소는 경험인 것이다.

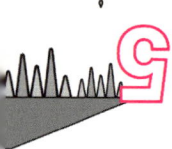

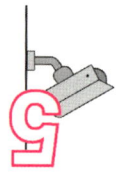

생각루트를 만들어야 하니까!

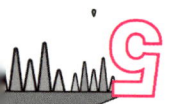

"마스터님."

"응?"

"생각자리를 좀 더 많이 갖고 싶은데 쉽지 않아요."

"그건 기억을 위한 장소를 만들고 싶은 사람이라면 누구나 갖고 있는 숙제야."

"맞아요, 그런데 장소를 정하는데 경험을 활용한다는 말이 무슨 말이에요?"

"응, 좋은 질문이야." 마스터가 천천히 말을 이었다.

"집안의 모든 물건들은 나와 경험을 공유한 것들이지. 침대에서는 잠을 잔 경험이 있고, 냉장고는 문을 열어 물을 마신 경험이 있고, 책상에선 공부를 한 경험이 있는 식이지."

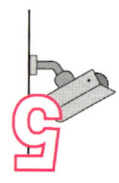

"네, 근데 그건 당연한 거 아닌가요?"

"응, 당연하지, 우리 집이니까. 하지만, 집밖을 나가게 되면 얘기가 달라지지."

"아, 그래서 집이 만들기 쉬운 거였군요?"

"맞아, 밖에 나와보면 멀리 산도 보이고, 가로수도 보이고, 쓰레기통도 보이고, 벤치도 보이지. 하지만 보인다고 보이는 모든 걸 다 생각자리로 만들 수는 없어."

"왜요?"

"좀 더 정확히 얘기하자면 만들어도 되긴 하는데, 엄청 헷갈리고 기억도 잘 나지 않을 거야. 기억은 고사하고 기억을 위한 장소조차 생각이 안 난다는 건 치명적이잖아?"

"그렇네요, 나랑 상관이 없어서 그런 건가요?"

"그렇지, 내가 늘 가는 길 주위에 보이는 것들 중 내가 경험한 것이나 특징이 있는 것들로 만드는 게 좋아."

"어떤 식으로요?" 토그가 궁금한 듯 다가서며 물었다.

"아파트 고층에 사는 사람이 집을 나섰어. 나서자마자 눈에 들어온 건 맞은편 아파트 **베란다**에 걸린 이불 빨래야. 아래쪽을 보니 **주차장 지붕**이 보이고, 그 옆으론 **고가도로**가 있는데 자동차들로 꽉 막혀있어. 복도를 걸어가는데 어떤 집에선 현관밖에 내놓은 **쓰레기봉투**가 보였어. 엘리베이터

앞에선 매일 만나는 분께 눈인사를 하고 **엘리베이터**를 타지. 아파트를 나와 마을버스를 타러 가는 길에는 **어린이 놀이터**가 눈에 보이고, 아파트 단지를 나오면 큰 교회가 하나 있는데 그 교회는 입구 쪽에 아주 **넓은 계단**이 있지. 버스 정류장에는 **의자**가 있고, 벽엔 **전단지**가 붙어 있어. 마침 늦지 않게 **마을버스**가 왔네."

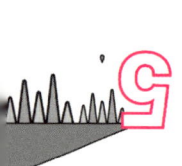

"눈에 선하게 그려지네요."

"하하, 그렇지, 이 사람이 지나오면서 매일 마주치는 것들을 생각자리로 만들면 돼. 즉, 경험을 바탕으로 <u>자기 자신에게 의미 있는 것들만이 생각자리가 될 자격</u>이 있는 거지."

필자는 우리나라 기억력 스포츠 선수들 중 가장 많은 기억장소를 갖고 있다. 총 32개의 생각루트가 있고, 각각의 생각루트에는 100개부터 150개의 생각자리가 있다. 생각자리는 기억할 정보를 연결할 수 있는 최종장소를 말한다.

필자의 생각루트는 이렇다. 이를 참고하여 여러분도 장소를 만드는데 도움이 되길 바란다.

첫 번째 생각루트는 퇴근해 집에 가는 루트로 되어있다.

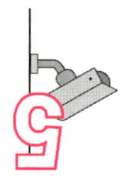

지하철을 나와 집까지 걸어가면서 보이는 것들과 집에 도착해 집안을 한 바퀴 도는 루트로 100개의 생각자리가 있다. 중요한 것은 직접 경험을 했거나 인상 깊게 본 것들 위주로만 지정을 했다. 집 안에서도 벽을 따라 왼쪽으로 한 바퀴 돌면서 지정하는 방식이 아닌, 집에 와서 하는 행동의 순서대로 되어 있는 것이 특징이다.

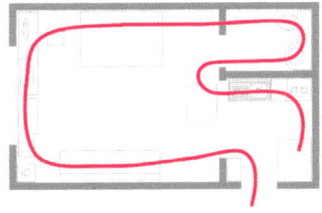 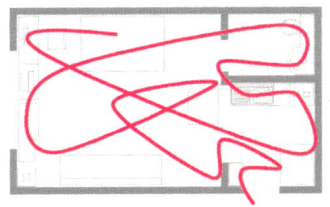

왼쪽이 통상적인 생각루트의 지정 방식이라면, 오른쪽이 필자만의 경험을 따라가는 생각루트 지정 방식이다.

두 번째 생각루트는 집에서 나와 회사를 가는 루트이다. 퇴근 때와 겹치지 않는 곳부터 시작해 보이는 것들이나 평소 유심히 봐 왔던 것들로 지정을 했다. 회사에 도착해서 움직이는 동선과 행동의 순서대로 100개의 생각자리를 만들었다.

세 번째 생각루트는 집을 나와 지하철부터 건대입구역의 한 중학교까지 가는 루트이다. 1년 동안 아이들에게 애니메

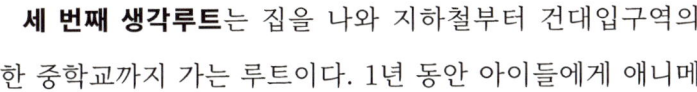

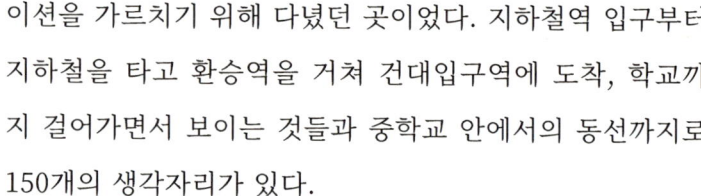

이션을 가르치기 위해 다녔던 곳이었다. 지하철역 입구부터 지하철을 타고 환승역을 거쳐 건대입구역에 도착, 학교까지 걸어가면서 보이는 것들과 중학교 안에서의 동선까지로 150개의 생각자리가 있다.

4번 루트는 지하철역 안에서부터 교회까지 가는 루트이다. 1주일에 한 번씩 가는 길이기에 무척 익숙하다.

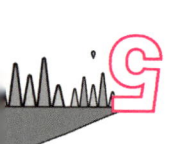

5번 루트는 집을 나서 부모님 집까지 가는 루트이다.

6번 루트는 집에서부터 터미널을 지나 충북의 한 대학교까지 가는 루트이다. 이 대학교로 3년동안 출강을 한 적이 있기 때문이다.

7번 루트는 대학교에서 집으로 돌아오는 루트이다.

8번 루트는 집에서 출발해 남영역을 거쳐 교회까지 가는 루트이다. 아까 4번 루트는 예전에 다니던 교회이고, 이번 루트는 현재 출석하고 있는 교회를 가는 루트이다.

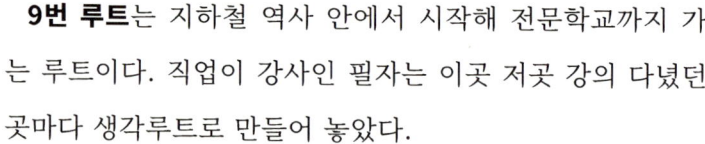

9번 루트는 지하철 역사 안에서 시작해 전문학교까지 가는 루트이다. 직업이 강사인 필자는 이곳 저곳 강의 다녔던 곳마다 생각루트로 만들어 놓았다.

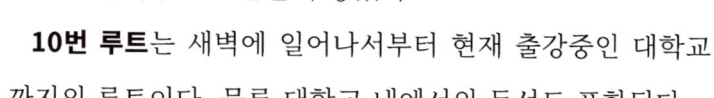

10번 루트는 새벽에 일어나서부터 현재 출강중인 대학교까지의 루트이다. 물론 대학교 내에서의 동선도 포함된다.

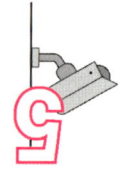

생각루트에 대해 어느 정도 감이 잡히는가? 계속해보면

11번, 12번 루트는 공항에서 출발해 홍콩으로 국제기억력 대회를 다녀오는 루트이고, **13번, 14번 루트**는 지인들과 각각 하늘공원과 경주 여행을 다녀오는 루트이다. **15번 루트**는 대만기억력대회, **16번루트**는 중국 세계기억력대회, **17번 루트**는 다시 갔던 홍콩기억력대회의 루트이다. 11, 12번

홍콩기억력대회의 모습

루트도 홍콩이지만 숙소가 달랐고, 여유가 생겨 관광일정이 있었기에 헷갈리지는 않는다. **18번 루트**는 싱가포르 세계기억력대회, **19번 루트**는 강남에서 모였던 기억력 오프라인 모임, **20번 루트**는 신림에 있는 학원에 출강할 때의 루트이다. **21번 루트**는 대만기억력대회, **22번 루트**는 중국 세계기억력대회, **23번 루트**는 데이트코스, **24번 루트**는 강원도 여행, **25번 루트**는 덕수궁 투어, **26번 루트**는 동네 한 바퀴를

도는 루트이다. 특이한 건 **27번 루트**인데 이는 애니메이션 '인크레더블' 속에 나오는 장소들이다. 하지만 스토리를 따라가야 하다 보니 속도 면에서 많이 느렸다. 수많은 애니메이션을 모두 생각자리로 만들 수 있다는 기대가 실망으로 바뀐 이유였다.

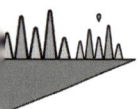

처음에는 집이나 학교, 회사 등 자주 가는 루트를 이용했지만 다들 비슷비슷한 장소라 더 이상 생각자리로 만들만한 특별한 곳을 발견하지 못했다. 그래서 외국으로 기억력대회를 나갈 때마다 생각루트를 하나씩 늘려갔다. 거주지를 벗어나 지인들과 다른 장소로 여행을 하면 또 생각루트가 늘어났다.

이런 별다를 것 없는 일상으로 생각자리를 만들게 되면 예상치 못한 장점이 생긴다. 내가 움직인 모든 동선이 생각루트가 되어있기 때문에 먼 훗날에도 그 날에 무슨 일이 있었는지 다 기억할 수 있게 된다. 기억을 위한 장소인 생각자리로 추억을 소환할 수 있는 것이다. 이 얼마나 멋진 일인가.

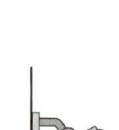

그리고 보면 집이 이사를 자주 한다거나, 회사를 자주 옮

긴다거나, 이곳 저곳 자주 놀러 다니는 것이 꼭 나쁜 것만은 아니다. 기억을 위한 생각자리를 늘리는 데는 유리한 측면이 있기 때문이다. 또한 특별한 경험 즉, 군대나 교도소 같은 곳 역시 생각자리를 늘리기에는 유용한 곳이다. 나만이 지닌 독특한 경험이 있다면 생각자리로 만들어보자.

다음은 필자의 생각자리 중 일부이다. 참고해 보기 바란다.

	10번 루트	11번 루트	12번 루트	13번 루트
01	알람	개찰구	사람	삼단봉
02	밥상	안내판	쓰레기통	정면노인
03	어두운길	광고	소화전	광고판
04	줄	캐리어	제사단지	육교
05	맨끝	티비	문방울	노점
06	버스	무빙벨트	신발	밖개찰구
07	아줌마	공항버스	락커	환풍구
08	단말기	자동문	여자실	과일노점
09	기사	유리길	소파	유리입구
10	여학생	유리엘리	주인	좁은통로
11	폐교	1층대합실	컴퓨터	진입금지끈
12	산소	대형티비	충전녀	제연막
13	스키대여점	샹들리에	드럼세탁기	막다른길
14	곤도라	무대	샤워부스	소화기
15	스키활강	보자기해먹	샴푸비누	쇠의자
16	청강다리	태극기	내침대	징검의자
17	개울굴	동글상점	스탠드	안내기둥
18	비닐하우스	안내데스크	앞침대	즉석사진기
19	도랑	줄선	노트북	형광등
20	백악관	컨베이어	에어콘	천장환풍구
,,,	,,,	,,,	,,,	,,,

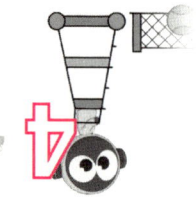

장소보다 경험의 동선을 따라가!

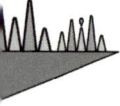

"마스터님."

"응."

"생각루트 만드는 예를 한번 좀 들어주세요."

"생각루트 만들기가 어렵게 느껴지나 보구나?"

"맞아요, 특히 경험을 바탕으로 만든다는 말이 무슨 뜻인지 정확히 모르겠어요."

"장소의 개념에 경험의 개념을 추가하는 방법이 궁금한 거구나?"

"네."

"그럼 10번 루트인 대학교 가는 루트와 14번 루트인 독서 토론 모임의 사람들과 1박 2일로 경주 여행을 갔다 돌아오

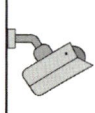

는 데까지의 루트를 얘기해줄게."

"우와, 놀러 갔다 온 것도 생각루트가 되는군요."

"그럼 생활 속의 모든 경험과 이벤트는 다 생각루트가 될 수 있지."

"오, 재미있네요."

"그래. 많은 장소가 눈에 보였지만 직접 경험했던 것들만 생각자리로 지정되었다는 걸 유의하면서 잘 들어봐."

"네."

색칠한 부분이 생각자리이다.

10번 루트

새벽부터 알람시계가 요란하게 울려댔다. 새벽이라도 아침을 거를 수는 없는 것. 아침을 먹고 나와 무슨 사건이라도 일어날 것만 같은 아직 어둑한 골목길을 지났다. 터미널에 도착하니 줄이 길게 서 있었고, 중간에 서 있는 아는 강사와 반갑게 인사를 한 후 맨 뒤로 갔다. 버스가 오자 아줌마 한 분이 앞쪽으로 급히 새치기를 했다. 카드를 찍고 운전사와

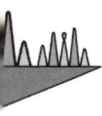

눈인사를 하곤 자리에 앉았다. 학생들이 많아 내 옆자리에도 한 여학생이 앉았다. 차가 출발하자마자 잠이 들었다가 깨어보니 목적지에 거의 다 왔다. 창밖으로는 으스스한 분위기의 폐교가 눈에 보였고, 그 옆으로는 잘 단장된 묘지가 있었다. 시즌이 아니라 문을 닫은 스키 대여점들을 지나치자 문득 산 너머로 스키장의 모습이 떠올랐다. 곤돌라를 타고 올라가 스키를 타고 활강하는 사람들이 눈에 선했다. 버스는 다리를 건너고 저 멀리 보이는 또 다른 다리의 밑 부분은 굴처럼 동그랗게 생긴 게 인상적이었다. 왼쪽으로 비닐하우스가 보였고, 오른쪽으로는 개울이 흐르고 있었다. 밖으로 원룸 건물들이 줄지어 있었고, 그중 한 원룸 건물의 이름은 백악관이었다.

갈림길이 나오자 볼록거울이 눈에 들어왔고, 그 옆으로는 한번 가서 점심을 먹은 적이 있는 중국음식점이 있었다. 학교 이름이 새겨진 커다란 간판을 지나치자 매년 4월이면 절정을 이루는 기나긴 벚꽃길이 펼쳐졌다. 중간쯤에 위치한 학생주차장의 차들도 눈에 들어왔다. 버스는 주차장에 들어서고 밖을 보니 버스 기사들이 한곳에 모여 얘기를 하고 있었다. 주차장 바닥엔 자갈이 깔려있어서 바퀴에 깔리는 요란한 소리가 났다. 아직도 자고 있는 학생을 깨워주고 내렸

다. 진입 금지를 알리는 묵직한 각목 옆으로 학생들과 함께 걸었다. 앞에 가는 학생의 가방에 달린 인형이 흔들렸다. 횡단보도를 건널 때는 출근하는 자동차가 멈춰 섰고, 화단에는 화살나무라 적힌 정말 가지가 화살대처럼 생긴 나무가 심겨져 있었다. 엔진 송풍기가 요란한 소리와 함께 바람을 내뿜으며 낙엽을 쓸고 있었고 무언가가 있을 것만 같은 건물 옥상도 보였다. 계단을 올라서자 건물 입구에는 학생들이 붙인듯한 포스터가 있었다. 내부에는 학생들이 수업 시간에 만든 조소 작품들이 전시되어 있었고, 다소 이른 시간이라 일찍 도착해 소파에서 잠을 자고 있는 학생들도 있었다. 전면이 유리로 된 학과사무실 안이 보였고, 그 유리 벽에 걸린 큼직한 TV에선 학생들의 작품들을 보여주고 있었다.

위쪽을 올려다보니 건물 2층이 마치 교도소같이 생긴 게 인상적이었다. 열쇠 꾸러미를 가진 조교가 지나갔고, 아주 푹신한 의자에 앉아있다가 휴게실로 향했다. 휴게실 옆으로는 회의실이 있었고, 휴게실에서는 여러 사람들이 담소를 나누고 있었다. 캐비닛을 열어 물건을 챙겨 소파에 앉자 위쪽으로 에어컨이 돌아가고 있었고, 창문에는 아직도 뽁뽁이가 붙어있었다. 탁자 밑으로는 히터가 놓여 있었고, 거기서

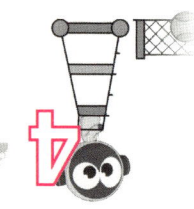

맞은편 소파에 앉아있는 모델 분과 얘기를 나눴다.

또다른 루트의 예다.

14번 루트

아침부터 부지런히 움직였다. 경주 여행은 고등학교 때 수학여행으로 갔다 온 이후로는 처음이 아니던가. 일행과 만나기로 되어있는 집결지로 향했다. 환승역인 구로역에서 전철을 갈아타야 했다. 구로 역으로 올라가니 문 닫은 음식점이 눈에 띄었다. 먹음직스럽게 만들어 놓은 모형 음식 때문이었다. 전철이 출발하자 지상으로부터 상당히 높은 고가 철도가 보였고, 그 철도를 받치고 있는 기다란 기둥이 아찔해 보였다. 구일역 옆을 지나갈 때쯤엔 우리나라 최초의 돔 구장이 눈에 들어왔고, 밑에선 정비사들이 열차를 정비하고 있었다.

도착한 역은 높고 기다란 계단이 인상적이었고, 역 밖으로 보이는 풍경이라곤 높이 솟은 오피스텔 건물 하나뿐이었다. 약속 장소에 도착해 보니 아직 아무도 오지 않았다. 볼링장임을 알리는 커다란 볼링 핀 간판 앞에 서 있는데, 도로

에는 창밖으로 고개를 내밀고 있는 강아지 한 마리를 태운 차가 지나갔다. 드디어 일행의 차가 도착해 인사를 나눈 후 출발했다.

여행은 휴게소에 들르는 게 맛이라며 휴게소로 향했다. 화장실에서 에어 타올로 손을 말리고 나오자 화장실 밖은 수많은 흡연자들이 피우는 담배 연기로 자욱했다. 저 멀리 풍경을 감상하기 위해 난간에 다가갔다. 멀찌감치 호수가 보였고, 바로 밑에는 무덤이 있었다. 우린 핫도그를 하나씩

입에 물고 다시 경주로 발걸음을 재촉했다. 가는 길에는 자전거를 이고 달리는 자동차가 우리 옆을 지나갔고, 멀리 산

장소보다 경험의 동선을 따라가!

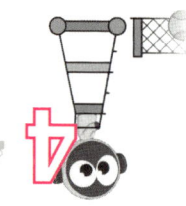

등성이에는 마치 로스앤젤레스의 할리우드 사인처럼 큰 글씨의 간판이 보였다. 경주에 거의 다 도착했는지 중앙분리대에는 수막새 모형의 조형물이 보였고, 경주로 들어가는 톨게이트 지붕은 멋진 기와 모양을 하고 있었다.

간단히 점심을 먹은 후 교촌마을부터 돌아보기로 했다. 마을 입구에는 천하대장군이 우리를 반겼고, 바로 앞에서는 사람들이 투호를 즐기고 있었다. 그 옆으로는 굴렁쇠를 굴리며 누군가 지나갔고, 널뛰기 조각상 옆에 앉은 아이가 손으로 브이를 하자 앞에 있는 엄마는 연신 셔터를 눌러댔다. 카페의 유난히 좁은 문을 들어서자 편안해 보이는 흔들의자가 있었고, 바로 옆엔 격자문양의 파티션이 매달려 있었다. 주문을 하고 기다리는 동안엔 천장에 매달려 있는 독특한 조명에 눈이 갔다.

카페를 나오자마자 보이는 초가집의 낮은 담 안에는 감나무가 심겨져 있었고, 길옆에는 배추밭이 있었다. 김밥집은 맛집인지 사람들이 길게 줄을 서 있었고, 기와집 안쪽으로는 마루에 걸터앉아 쉬고 있는 사람들이 보였다. 비단 벌레차에 사람들이 타고 있었고, 그 옆을 에어 휠을 탄 사람이 휙 지나갔다. 우리 바로 옆에는 자전거를 가지고 티격태격 하는 커플도 있었다. 관광안내소엔 사람이 있었고, 밖에는

안내 책자가 꽂혀 있었다.

  계속 이동하자 커다란 봉분 2개가 눈에 들어왔고, 그 안에는 삐딱하게 자라고 있는 나무 한 그루가 있었다. 원래 그 안은 통행금지 구역 같았지만 어떤 용감한 사람이 가로질러 가고 있었다. 역시나 울타리엔 들어가지 말라는 팻말이 보였다.

2개의 봉분과 삐딱한 나무

  알바 소녀의 전단지를 하나 받아 들고 우리는 자전거 대여점으로 갔다. 자전거 앞에 바구니가 달린 자전거가 보였고, 입구 중앙엔 깔판이 깔려 있었다. 안쪽에는 산악자전거가 많았고, 가게 안쪽의 방안에는 사람들이 모여있었다. 사

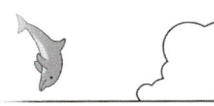

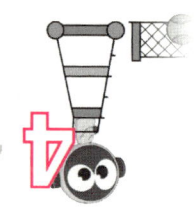

장님과 함께 서류를 작성한 후, 자전거로 이동하기 시작했다.

어떠한가? 이 여행의 경로가 어제의 일처럼 눈에 선한 것은 1박 2일의 일정을 생각루트로 정리해 놓았기 때문이다. 이처럼 여행 후 집에 돌아와 이틀이 지난 일들을 생각해 순서대로 떠올리기란 쉬운 일이 아니다. 그래서 필자는 여행 내내 생각자리로 쓸만한 곳을 사진으로 남겨놓는다. 그럴 때는 작품 사진을 찍는 것이 아니기에 대충 알아볼 수 있을 정도로만 스냅사진처럼 찍어 둔다. 또 요즘은 인터넷 지도 서비스가 너무 잘되어 있어서 로드뷰를 통해 갔던 길을 되짚어 볼 수도 있다. 그럴 때면 당시에는 미처 보지 못한 괜찮은 생각자리를 득템하게 되는 수도 있다.

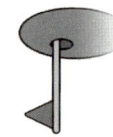

이런 식으로 만드는 생각루트는 장소보다 경험의 동선을 따라간다는 특징이 있다. 시간의 흐름에 따라 직접 경험했던 일들이기에 똑같은 장소라 할지라도 순서가 다르고 의미가 다르다. 그래서 똑같은 사람들이 똑같은 장소에 똑같은

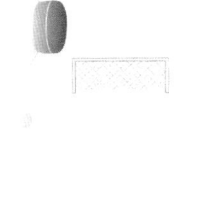

일정으로 여행을 떠난다 하더라도 각기 다 다른 생각자리가 만들어진다. 사람들마다 생각과 가치관이 다르며, 호불호도 다르고 경험치도 다 다르기 때문이다. 그래서 생각루트는 다른 사람과 공유할 수 없고, 자기 스스로 자신만의 생각루트를 만들 수 밖에 없는 것이다.

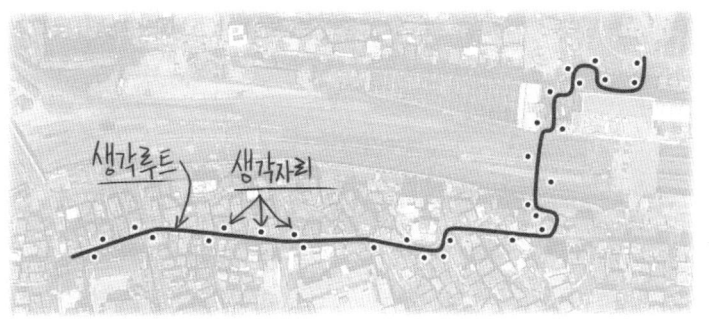

이때 중요한 것도 바로 생각자리 간의 거리이다. 너무 촘촘하면 서로 간섭이 일어나 헷갈릴 것이고, 또 너무 멀면 이동하는데 시간이 걸릴 것이라는 우려 때문이다. 물론 이런 우려는 흔히 얘기하는 고수가 되면 아무 문제가 되지 않는다. 그렇다면 어느 정도의 거리가 적당할까? 그냥 적당한 거리를 두면 된다. 몇 센티라고 딱 잘라 말해주고 싶지만 사실 이것은 누구도 단정지을 수 없는 문제다.

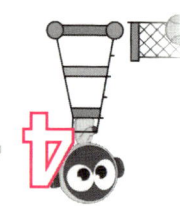

차라리 예를 하나 들어주겠다. 책상이 있다고 하자. 책상 위에는 마우스, 키보드, 모니터가 있다. 이런 경우 마우스, 키보드, 모니터를 순서대로 지정할 수도 있지만, 초보자라면 그냥 하나의 책상으로 전체를 지정하는 방법을 추천한다. 커다란 하나의 덩어리로 인식하는 편이 낫다는 말이다.

침대 위에는 이불과 베개가 있겠지만 그냥 침대 전체를 하나의 생각자리로 만들라는 말이다. 그렇게 하는 것이 훨씬 생각하기가 자유롭고 기억도 잘 나기 때문이다.

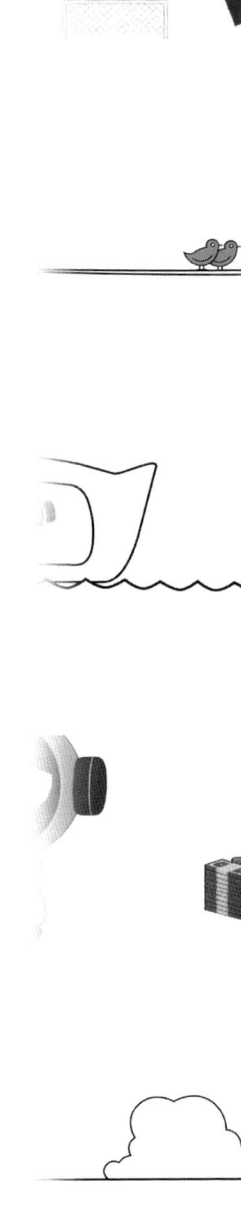

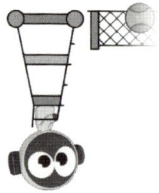

생각자리의 수가 관건이야

"마스터님!"
"응?"
"그럼 길거리 가게들을 생각자리로 지정해도 되나요?"
"매일 지나다니면서 보게 되는 상점들 말이니?"
"네, 차례대로 말할 수 있을 정도로 익숙해서요."
"그래? 한번 말해볼래?"
"네, 계단으로 올라오자마자 맨 처음에 보석상이 보이고, 그 옆엔 미용실이 있어요, 그리고 그 옆으론 휴대폰 대리점…."
"그리고?"
"그리고 카페, 사진관, 다이소…전당포, 만둣가게…."

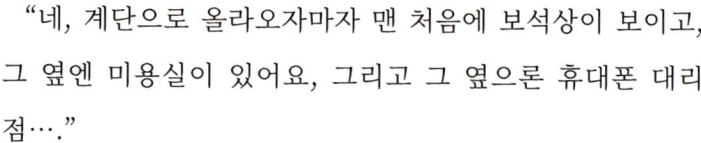
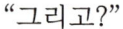

"그다음은?"

"그다음은 철물점, 떡집, 애견샵, 수선집이 이어져 있어요."

"시간은 좀 걸렸지만 차례대로 잘 기억하고 있구나."

"네, 맞아요."

"그런데, 자기 동네이고 매일 지나다녀 익숙하다 하더라도 이 모든 상점을 전부 생각자리로 만드는 건 추천하지 않아."

"왜요?"

"그 앞으로 자주 지나다녀 익숙할 뿐 별다른 특징이 없잖아?"

"네."

"그래서 생각자리의 순서 자체도 잘 기억나지 않을 확률이 높아"

"그런가요?"

"응, 또, 이사를 가거나 시간이 지나면 더욱더 기억이 나지 않을 거야."

"그렇겠네요."

"그렇지, 기억난다 하더라도 다음 생각자리로의 이동 속도가 느려지게 되지."

"아, 다음 생각자리로 이동하는 속도도 생각해야 하는군요."
"그럼."

　필자에게도 동네 한 바퀴를 도는 생각루트가 있는데, 이 경우엔 자신의 경험이 최대한 들어가야 한다. 예를 들면, 맨 처음 있는 보석상은 처음이라는 상징성으로 나쁘지 않다. 그 다음은 자주 가서 머리를 깎은 경험이 있는 미용실, 생활소품을 자주 산 적이 있는 다이소, 지나가다 항상 군침만 흘렸던 떡집, 유리창 너머로 보였던 바둥거리는 강아지들 정도만 생각자리로 만드는 것이다.

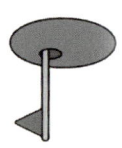

　경험이 배제된 채 생각자리를 늘릴 욕심으로 아파트의 여러 동, 여러 지하철역, 이어져있는 강의실처럼 특징이 없이

똑같이 생긴 여러 개의 장소를 하나하나 생각자리로 만드는 것은 무모한 짓인 것이다.

그러면, 이렇게 자신에게 의미가 있는 루트로 생각자리를 만들다 보면 장소나 물건이 겹치는 경우가 발생하지는 않을까? 왜 없겠는가? 사실 아주 많다. 어느 지역에 가나 의자나 나무, 계단, 건물은 항상 있지 않은가? 그럼 이를 어떻게 구분할까?

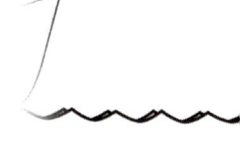

필자의 생각자리 중에 가장 많은 것은 사람으로 무려 637개나 된다. 자동차가 108개로 그 다음이고, 의자가 60개, 문이 53개, 나무가 37개, 길이 37개, 계단이 34개다. 이렇게 비슷한 게 많으면 헷갈리지 않을까? 그렇지 않다. 이는 기우이다. 실제 만들어보면 헷갈리지 않는다는 걸 알게 된다.

비슷한 생각자리라도 그 특징은 다 다르기 때문이다. 사람이 가장 많지만 각각 다른 사람이거나 여러 명이거나 저마다 하는 행동이 있다. 계단은 육교의 계단, 지하철 계단, 엄청 넓은 계단, 한 사람이 간신히 내려갈 만큼 좁은 계단, 2층에서 내려본 계단, 밑에서 올려다 본 계단, 이렇게 다 다

른 특징이 있다. 가끔 이것을 이해하지 못하는 사람이 있는데, 기억을 위해 직접 그 장소를 사용해보면 알게 된다. 그야말로 해보지 않아서 생기는 오해인 것이다.

　헷갈리지 않는 또 하나의 방법이 있다면 그것은 바로 원칙을 지켜주는 것이다. 원칙이라면 한 생각루트 안에 비슷한 생각자리를 지정하지 않는 것이다. 즉, 하나의 생각루트 안에 계단이 두 군데 이상 있다거나, 편의점이 두 곳 이상 있다거나, 자전거가 두 군데 이상 있게 지정하지는 말라는 말이다. 하지만 생각루트 자체가 다르다면 상관없는데, 이는 하나의 생각루트로는 하나의 기억단위만을 기억할 것이기 때문이다.

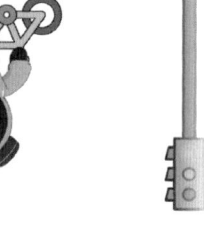

　기억력 스포츠로 예를 들면, 하나의 생각루트에 하나의 종목을 배정하면 된다는 말이다. 1번 생각루트는 이진수 종목, 2번 생각루트는 랜덤숫자 종목, 3번 생각루트는 카드 종목을 배정하는 식이다. 그리고, 한 종목이 끝나면 기억에 사용하지 않은 생각자리가 남아 있다 하더라도 다른 생각루트로 넘어간다. 하나의 생각루트는 하나의 기억단위를 위한 기억공간이라고 생각하면 되겠다.

그리고 꼭 하나의 생각루트에 100개씩의 생각자리를 둘 필요는 없다. 50개씩 만들어도 되고, 200개가 될 수도 있다. 할 수 있는 만큼 만들면 되는 것이다. 다만, 10개 단위로 끊어 장소를 옮기는 것이 좋다. 위의 예에서는 경주로 출발하기 전까지 10개, 고속도로 상에서 10개, 교촌마을에서 20개, 자전거 빌리는데 10개, 첨성대 근처에서 10개 이런 식으로 끊은 것을 볼 수 있다. 이는 생각자리를 간혹 빼먹거나 잊는 실수를 방지하는데 주효한 방법이다.

  필자의 생각자리 중에는 타케루바지, 타케루택시, 타케루식사, 타케루선물, 타케루얘기 라고 되어있는 부분이 있다. 이는 대만 기억력대회를 마치고 공항까지 일본대표 타케루 선수와 동행한 경험이 고스란히 생각자리가 되었기 때문이다. 다른 사람이 보면 절대 순서대로 기억하기도 어렵고 헷갈리기만 한 나열에 불과할 것이다. 하지만 필자에게는 전혀 헷갈리지 않을뿐더러 기억도 잘나는 생각자리 중 하나이다. 그 이유는 바로 타케루와 함께 공유한 경험을 바탕으로 만들어진 생각자리이기 때문이다.

  대회장에서 타케루의 바지에 대한 농담이 인상적이었고, 함께 택시를 타고 공항으로 가 식사를 한 후 지인들을 위해

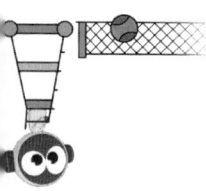
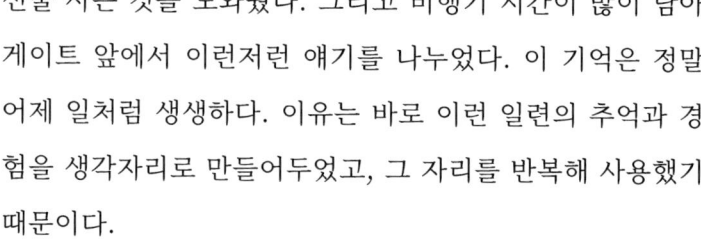

선물 사는 것을 도와줬다. 그리고 비행기 시간이 많이 남아 게이트 앞에서 이런저런 얘기를 나누었다. 이 기억은 정말 어제 일처럼 생생하다. 이유는 바로 이런 일련의 추억과 경험을 생각자리로 만들어두었고, 그 자리를 반복해 사용했기 때문이다.

생각자리의 수는 기억할 양과 비례한다. 즉, 많은 생각자리를 갖고 있으면 그만큼 많은 정보를 저장할 수 있다는 말이 된다. 가능한 선에서 생각자리를 많이 만들어 보기 바란다. 보통 100개 안팎이면 적은 편이고, 500개에서 1000개 정도면 중간 정도, 그 이상이면 많은 편에 속한다고 할 수 있다.

생각자리의 수가 관건이야

자신만의 생각자리를 만들어 적어보자.

01		21		41	
02		22		42	
03		23		43	
04		24		44	
05		25		45	
06		26		46	
07		27		47	
08		28		48	
09		29		49	
10		30		50	
11		31		51	
12		32		52	
13		33		53	
14		34		54	
15		35		55	
16		36		56	
17		37		57	
18		38		58	
19		39		59	
20		40		60	

61		81		101	
62		82		102	
63		83		103	
64		84		104	
65		85		105	
66		86		106	
67		87		107	
68		88		108	
69		89		109	
70		90		110	
71		91		111	
72		92		112	
73		93		113	
74		94		114	
75		95		115	
76		96		116	
77		97		117	
78		98		118	
79		99		119	
80		100		120	

생각자리의 수가 관건이야

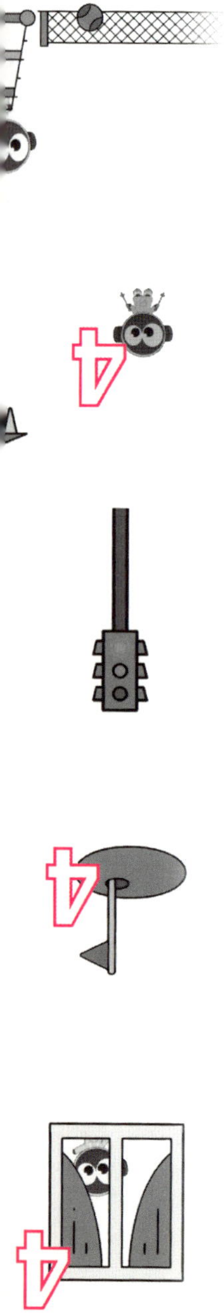

나이가 들수록 기억할 것은 많아지는데
아이러니하게도 기억력은 감퇴한다
노력으로 기억력을 향상시켜야 하는 이유이다

04
블록버스터를 만들어라

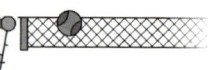

생각단서?

"마스터님."

"응."

"이제 생각루트와 생각자리를 어느 정도 만든 것 같은데요."

"자 그럼 이제 한번 기억해 볼까? 생각자리 열 개만 말해보겠니?"

"네, 전단지, 열쇠, 신발장, 냉장고, 싱크대, 전자레인지, 옷장, 책상, 침대, 창문요."

"그래, 문에 붙어있는 전단지도 했네?"

"네."

"잘했어, 그럼 이제 순서대로 기억해야 할 정보를 알려줄

게. 거래, 옮기다, 속임수, 빌딩, 병원, 우편함, 바다, 코트, 배우, 애완동물이야. 이제 순서대로 한번 외워볼까?"

생각자리	정보
전단지	거래
열쇠	옮기다
신발장	속임수
냉장고	빌딩
싱크대	병원
전자레인지	우편함
옷장	바다
책상	코트
침대	배우
창문	애완동물

"네, 전단지에 두 사람이 거래하는 사진이 있고, 열쇠는 옆으로 옮겼어요. 신발장엔 속임수를 썼고, 냉장고엔 빌딩이 들어 있어요. 싱크대엔 병원이 있고, 전자레인지엔 우편함이 놓여있어요. 옷장에선 바닷물이 나오고, 책상 위엔 코트가 놓여있어요. 침대 위엔 배우가 누워 있고, 창문에는 애완동물이 보여요."

"그래, 잘 했구나. 그럼 그 다음 생각자리 10개도 말해 보

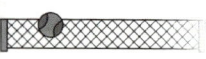

겠니?"

"변기, 욕조, 거울, 타올, 소파, 화분, 어항, 텔레비전, 스탠드, 액자요" 눈을 위로 향한 채 하나하나 짚어가며 얘기하던 토그가 되물었다.

"그런데 다음 생각자리는 왜요?"

"응. 외운 다음 바로 맞춰보면 너무 쉬울 수 있으니까 시간을 좀 끄는 거야."

"아, 뭐예요?"

"하하, 이제 그럼 슬슬 리콜해 볼까?"

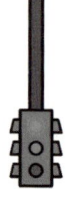

"리콜이 뭐예요?"

"기억했던 정보를 다시 인출해 내는 걸 말해"

"아, 그렇군요."

"첫 번째 전단지는 무엇과 연결되어 있지?"

"음, 어? 뭐였지? 사람이었던 거 같은데?"

"그래? 기억이 안 나는 모양이구나?"

"네, 정확한 단어가 기억이 안 나네요?"

"그럼 그다음 열쇠와 연결된 건 뭐지?"

"음, 열쇠는 뭐였더라? 열쇠도 기억이 안 나네요?" 토그가 실망한 듯 풀 죽은 목소리로 말했다.

"그렇구나, 그럼 신발장은 생각이 나니?"

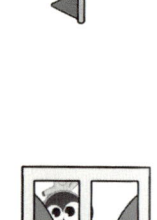

"음, 신발장도 생각이 안 나요."

"그래? 이번엔 성적이 좋지 않네?"

"그러게요, 왜 그럴 까요?"

"기억할 때는 생각자리에 기억할 정보를 연결하고, 리콜할 때는 그 생각자리로 가서 연결된 정보를 기억해 내는 원리잖아?"

"네, 그렇죠."

"그러려면 그 생각자리에 갔을 때 연결된 정보를 유추해 낼 수 있는 '**생각단서**'가 있어야만 해."

"생각단서요?"

"응, 생각처리를 할 때와 생각자리를 만들 때 눈에 보이고 손에 잡히도록 선명하게 하라고 했었지?"

"네."

"그것과 마찬가지로 생각자리에 눈에 보이고 손에 잡히도록 생각단서를 달아놓아야 기억해 내는데도 어려움이 없는 거야."

"아, 그렇군요. 그럼 결국 리콜이란 건 생각자리에서 생각단서 찾기네요?"

"그렇지!" 마스터가 큰 소리로 화답해 주었다.

"그럼 제가 기억을 못 해낸 것은 생각단서가 눈에 보이고 손에 잡히지 않아서겠네요?"

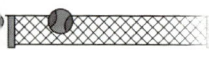

"맞아, 기억해 낼 수 있게 도와주는 유일한 친구가 바로 생각자리니까."

"그렇네요, 생각자리를 보고 정보를 기억해 내야 하니까요."

"그렇지. 그리고 생각단서는 될 수 있으면 여러 개를 달아 놓아야 기억이 더 잘나게 되지."

"아하, 알겠어요."

새로운 정보는 독립하여 기억하기가 힘들다. 그래서 새로운 정보를 생각처리한 후에는 기존의 경험과 지식에 생각을 연결해야 한다. 그 연결도구로써 생각자리가 이용되는 것이다. 즉 기억해야 할 정보를 알고 있는 유일한 목격자가 바로 생각자리이다. 생각자리에 갔을 때 생각단서가 보여야 한다. 생각자리에 갔는데도 기억이 나지 않는다면 생각단서를 부실하게 달아놓은 것이다.

생각단서는 눈에 보이고 손에 잡힐수록 좋다. 움직이는 애니메이션이 있을수록 더 좋다. 영화처럼 실감난다면 더욱 더 좋다. 특수효과가 난무하는 블록버스터처럼 생각한다면

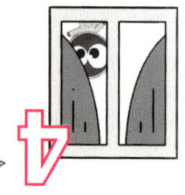

더할 나위 없이 좋다. 될 수 있으면 블록버스터급으로 생각 단서를 달자.

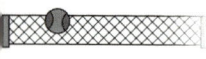

생각단서는 블록버스터급으로!

"그럼 어떻게 생각단서를 달아놓았어야 했나요?"

"그래, 같이 한번 해보자."

"네."

"첫 번째 생각자리가 어디지?"

"전단지요."

"그렇지, 현관문에 종종 붙어있는 광고 전단지는 나쁘지 않은 생각자리야. 계속 반복해서 얘기하지만 눈에 보이고 손에도 잡히기 때문이지."

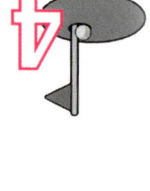

"네."

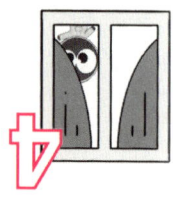

"기억해야 할 정보는 거래야. 거래은 추상명사지. 즉, 눈에 보이지도 손에 잡히지도 않아 기억이 쉽지 않은 거야."

"맞아요."

"전단지에 거래하고 있는 사람이 인쇄되어 있다고 생각단서를 달아놓았다고 하자."

"네."

"이런 경우는 대개 시간이 지나 리콜할 때면 거래라는 단어는 생각이 나지 않고 어떤 사람이 인쇄되어 있었다는 생각만 날꺼야."

"맞아요, 제가 그랬어요."

"왜냐하면, 이 생각단서에서 눈에 보이고, 손에 잡히는 유일한 단서는 사람뿐이기 때문이야."

"아, 그렇군요."

그렇다면 어떻게 거래란 단어를 기억할까? 거래란 단어는 어려운 단어가 아니다. 다만 이 단어가 기억하려고 하는 여러 단어 중에 하나로 포함되어 있다면 기억해 내기 좀 까다로운 단어일 뿐이다. 이런 추상명사를 우리의 뇌가 잘 기억하는 방식인 눈에 보이고 손에 잡히는 것처럼 속여보자. 누가 전단지를 붙였냐고 화를 내면서 전단지에 **가래**침을 뱉는다. 이렇게 하면 가래침이 생각단서가 되어 발음이 비슷한 **거래**를 생각나게 해 준다.

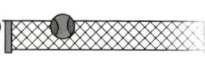

열쇠라는 생각자리에 옮기다를 연결해보자. 현관문을 열기 위해 열쇠를 열쇠구멍에 갖다 대니 열쇠구멍이 옆으로 **옮겨**간다. 다시 열려고 하니 또 다시 옆으로 옮겨간다. 애니메이션처럼 계속 열쇠를 피해 옮겨간다. 열쇠구멍이 마치 기어가듯이 옆으로 계속 옮겨간다고 생각하면 옮기다의 '**기다**'라는 철자까지 맞출 수 있는 단서가 하나 더 느는 것이다. 이렇게 생각단서는 많을수록 좋다. 열쇠는 있지만 계속 문을 못 열고 있는 모습을 생각단서로 잡은 것이다.

다음은 신발장에 속임수를 연결해보자. 속임수 역시 추상적인 단어이다. 신발들이 서로 짝을 안 맞추어 주인을 **속이**고 있다고 생각하거나 신발 속에 **임수**정이 있다고 생각한다. 생각단서는 많을수록 좋다는 걸 항상 잊지 말자. 다음은 냉장고와 빌딩이다. 냉장고를 열어보니 빌딩 모형들이 가득 차 있다고 생각하는 것도 좋지만, 냉장고 여러 대가 위로 칸칸이 쌓여 **빌딩**처럼 높이 올라가 있는 모습을 생각해도 좋겠다.

싱크대와 병원의 연결이다. **병원**에서 쓰던 의료도구를 씻고 있다. 씻는 와중에 주사바늘에 찔려 **병원**에 갈까도 잠시

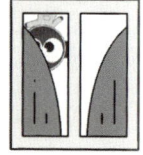

생각해 본다. 전자레인지와 **편지함**의 연결이다. 전자레인지 안에는 **편지**들로 가득 찬 **함**을 **함**진아비가 메고 있다. 문을 열자 편지들이 우루루 쏟아진다. 옷장과 **바다**의 연결은 옷장을 열자 **바닷**물이 방 안 가득 쏟아진다고 생각하거나, 옷장 안에 가수 **바다**가 흥얼거리며 옷을 고르고 있다고 생각해도 좋다.

책상과 **코트**를 연결해보자. 책상 위에 **코트**를 깔아 놓고 공부하는 모습을 생각해도 좋고, 그 코트에 농구**코트**를 그리면서 공부하고 있다고 생각해도 좋겠다. 침대와 **배우**의 연결이다. 침대에는 내가 좋아하는 **배우**가 누워있다. 그 배우는 나의 **배우**자라고 2중으로 생각단서를 달아놓자. 마지막으로 창문과 **애완동물**을 연결해보자. 창문에는 수많은 **애완동물**들이 나를 바라보고 들여 보내 달라고 낑낑거리며 창문을 긁고 있다.

자, 그럼 이제 리콜을 해보자. 전단지의 생각단서가 기억나는가? 열쇠의 생각단서는? 그 다음 신발장은 어땠는지 생각이 나는가? 냉장고는? 싱크대에선? 전자레인지에선 무엇이 나왔나? 옷장을 열어보니? 책상 위에선? 침대에는? 창문을 보니 어땠는가? 다 생각이 나는가?

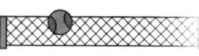

기억이란 기억할 정보를 생각**처리**하여, 생각**루트**를 거닐며, 생각**자리**에 생각**단서**를 놓는 것을 말한다. 그럼 이 중에서 가장 중요한 것은 무엇일까? 기억할 정보를 눈에 보이고 손에 잡히는 형체로 만드는 **생각처리**가 중요할까? **생각루트**를 많이 만들어 많은 **생각자리**를 갖고 있는 것이 중요할까? 아니면 그 생각자리에 **생각단서**를 잘 달아 놓는 것이 중요할까? 어떤 것이 중요하다고 생각하는가?

물론 다 중요하지만 그 중 가장 중요한 것은 바로 **생각단서**를 잘 달아 놓는 것이다. 기억해 내려면 결국 생각자리에 가서 생각단서를 보고 기억해내야 하기 때문이다. 기억할 정보가 추상적이면 형체가 있는 것으로 바꿔야 하는 것도 알고, 기억을 위한 장소인 생각루트와 생각자리를 알아도, 결국 생각단서를 어떻게 걸어 놓느냐의 싸움인 것이다.

무엇을 연결하든 하나보다는 여러 개, 작은 것보다는 크게, 평범한 것보다는 과장하여 표현하는 게 기억이 잘 난다. 가래침도 크고 많이 뱉는 것이 좋고, 편지나 애완동물도 몇 개, 몇 마리보다는 엄청 많은 것이 좋다. <u>생각단서도 많을수록 좋다.</u>

　인삼 하나를 생각하더라도 보통의 인삼보다는 사람보다 큰 인삼을 생각한다. 축구공이 하나만 떨어지기 보다는 우박처럼 우수수 쏟아지게 생각할 수 있어야 한다. 손수건으로 자동차를 싸서 주머니에 넣을 수도 있어야 한다. <u>생각단서는 될 수 있으면 블록버스터급으로 만들어라.</u>

　여기서 또 중요한 것은 생각자리와 어울리게 생각단서를 달아야 한다는 것이다. 생각자리의 장소적 특징과 정보의 특징이 동시에 나타나야 한다. 다시 말하면 <u>생각자리의 특징과 연결할 정보의 특징 사이에 논리적 연관성을 만들어 주어야 한다는 말이다.</u>

　책상이란 생각자리에 코트라는 생각단서를 단다고 하자. 그러려면 책상의 특징과 코트의 특징이 다 표출되어야 한다. 단순히 책상 위에 코트를 걸쳐놓으면 기억이 나지 않을 수 있다는 것이다. 책상 위에 올라갈 수 있는 물건은 수도 없이 많고, 코트를 걸쳐놓을 만한 장소도 수없이 많기 때문이다.

　책상의 특징은 공부하는 곳이라는 것이고, 코트의 특징은 조금 커다란 외투라는 것이다. 그래서 책상 위에 코트를 펴

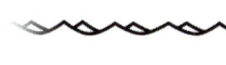

서 깔아놓고 공부를 했던 것이다. 공부하는 모습을 조금 더 생생하게 하기 위해 농구코트를 코트 위에 그리도록 2중으로 생각단서를 달기도 했다.

결국 리콜이란 생각루트를 거닐며 생각자리에 있는 생각단서를 찾아내는 생각산책에 지나지 않는다.

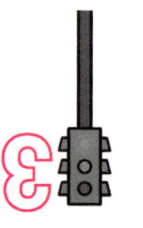

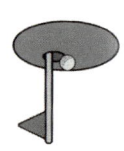

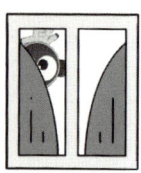

고로 TOG 기억법이렷다!

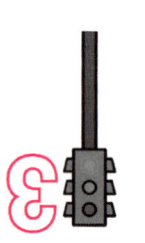

"토그."

"네?"

"기억법에 대해 이제 어느 정도 감이 잡혀?"

"네, 이제 기억방법은 잘 알겠어요."

"그래? 그럼 지금까지 배운 기본적인 기억법 정리를 한번 해볼까?"

"네, 좋아요."

"기억은 무엇으로 하는 거지?"

"생각이요."

"생각해야 할 정보가 추상적이면 어떻게 해야 하지?"

"눈에 보이고 손에 잡히는 것으로 바꿔요."

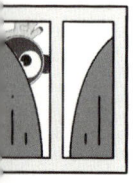

"그렇지, 그럼 순서대로 외우기 위해 필요한 것은 뭐지?"

"생각루트 안에 있는 생각자리요."

"음, 제법인데?"

"헤헤."

"그럼 생각자리에선 기억해야 할 정보를 어떻게 해야 하지?"

"생각단서를 달아 놓아요."

"생각단서는 어떻게 달아 놓는 건데?"

"될 수 있으면 양도 많고, 크기도 크고, 과장되게 달아 놓아요."

"그렇지, 아주 잘 기억하고 있네?"

"헤헤, 이 정도 가지고 뭘요." 토그가 머리를 긁적이며 대답했다.

"정리해보면 기억은 생각 Thinking이고."

"네."

"추상적인 정보는 형체 Object를 가진 것으로 바꿔야 해."

"그렇죠."

"그리고 생각단서는 될 수 있으면 많고, 크고, 엄청나게 그러니까 Great 하게 달아 놓아야 하지."

고로 TOG 기억법이렷다!

"맞아요."

"그래서 이걸 정리해보면 **Thinking Object Great**가 돼. 앞글자를 따서 **TOG** 토그 기억법이라고 하지."

"어? 제 이름이랑 똑같네요."

"하하, 그렇네, 토그."

"헤헤."

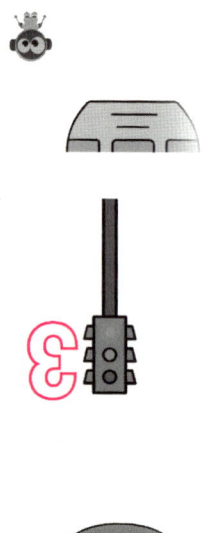

기억을 잘하고 싶으면 3가지만 기억하면 된다. 기억은 생각이니까 **Thinking**, 형체가 있어야 생각하기 쉬우니까 **Object**, 되도록이면 굉장하고 엄청나게 생각해야 하니까

Great. 결국, 기억은 엄청난 모습의 형체로 생각하는 것이다.

Thinking Object Great

이 모든 것을 다 알고 있다 하더라도 기억할 정보를 한 번에 다 기억하는 것은 쉽지 않다. 생각단서를 잘 달아 놓았다 하더라도 한번 만으로는 기억이 나지 않는다는 말이다. 그러면 어떻게 해야 할까? 반드시 반복해서 확인해야 한다. 생각단서를 달아놓는 것까지 했다면 꼭 처음으로 되돌아가 기억이 나는지 체크해봐야 한다.

이는 무언가를 5분 동안의 짧은 시간에 기억하더라도 마찬가지다. 5분 내내 기억만 하는 게 아니라 5분 내에 기억한 것을 체크도 해야 한다. 즉, 기억시간은 5분 중 반밖에 되지 않는 것과 같다는 것이다. 5분 중 2분 30초나 3분 정도만 기억하고 나머지 시간 동안은 기억한 것을 체크하는 시간으로 사용한다. 그러므로 결국 5분 동안 기억한다 하더라도 3분 정도의 시간 동안 기억한 것이 다라는 것이다.

만약 어떤 정보를 두 번 본다고 했을 때, 두 번을 똑같이 반복해서 보는 방법은 추천하지 않는다. 두 번 중 두 번째는

반복이 아니라 정답을 체크하는 방식이 되어야 한다. 즉, 미리 리콜을 해보는 것이다. 그래야 어떤 정보는 기억을 하고 있고, 어떤 정보는 기억을 못 해 다시 생각단서를 달아 놓아야 하는지 알게 되는 것이다.

다시 한번 체크하는 동안에 생각자리에서 아무런 생각단서도 기억나지 않는다면 생각단서를 약하게 달아놓은 것이다. 이럴 땐 기억해야 할 정보를 다시 확인한 후 생각단서를 다시 떠올려 보거나, 생각단서를 추가로 더 달아 놓아야 한다.

이 작업은 절대 한 번에 완성되지 않는다. 최소한 두 번 이상은 그 정보에 노출되어야 하고, 두 번째부터는 정답을 체크하는 방식이 되어야 한다. 기억에서 이런 반복은 필수 요소인 것이다.

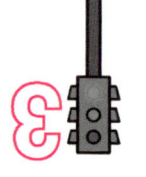

고로 TOG 기억법이렷다!

■ 연습문제

자신의 생각자리를 써보고 해당 정보를 연결해보자.

생각자리의 특징과 정보의 특징이 잘 어우러지게 생각단서를 달아보자.

첫 번째 연습

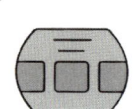
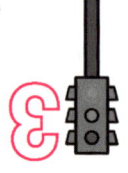

	생각자리	정보
1		원숭이
2		감정
3		꼬리
4		부츠
5		자유
6		사진기
7		흔들다
8		가장자리
9		재산
10		조각

두 번째 연습

	생각자리	정보
1		믿음
2		계란
3		해군
4		홀
5		천왕성
6		영웅
7		신기함
8		차
9		만족시키다
10		거주자

연습문제

자, 그럼 정답을 적어보자.

첫 번째 연습

	생각자리	정보
1		
2		
3		
4		
5		
6		
7		
8		
9		
10		

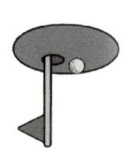

두 번째 연습

	생각자리	정보
1		
2		
3		
4		
5		
6		
7		
8		
9		
10		

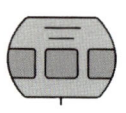

기억력이 뭔 죄야

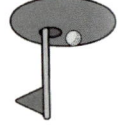

"토그."

"네?"

"토그 방 침대에 누워서 눈을 감고 내일 신을 양말이 어디에 있는지 가리킬 수 있어?"

"그럼요." 토그가 자신 있다는 듯 말했다.

"그럼 달력의 위치도 알 수 있겠어?"

"당연하죠."

"그렇구나, 그럼 학교에 준비물을 깜박하고 못 가져간 날은 있어?"

"그런 날은 많죠, 헤헤." 토그가 멋쩍은지 머리를 긁적이며 말했다.

"양말의 위치는 기억하는데 내일 준비물은 기억을 못한 거네?"

"음, 그렇죠."

"그 둘 사이엔 무슨 차이가 있길래 하나는 잘 기억하지만, 하나는 잘 기억하지 못했을까?"

"음, 양말은 항상 같은 위치에 있지만, 준비물은 어쩌다 딱 한번 있는 일이라 그렇지 않을까요?"

"맞아, 다른 말로 하면 반복 때문이지."

"반복이요?"

"응, 사실 뭔가를 기억한다는 건 과잉 반복의 결과야. 양말은 항상 같은 곳에 있고 그 양말을 찾아 신는 행위를 매일 반복하기 때문에 그 위치를 기억하고 있는 거지. 항상 똑같은 위치에 있는 달력이나 시계도 매일 봐서 자연스럽게 반복이 됐던 거지."

"아하, 그럼 학교 준비물을 잊은 건 반복을 안 했기 때문이란 말인가요?."

"그렇기도 해. 새롭게 들어온 정보는 보통 반복하지 않으면 잊기가 쉬워."

"그런데, 잊지 않은 적도 많은데요?"

"만약 잊지 않았다면 그것은 생각단서 때문이겠지."

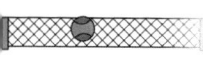

"생각단서요?"

"응, 내일 시간표에 음악시간이 있는 것을 확인하는 순간, 음악이라는 키워드가 준비물인 리코더를 생각나게 하는 생각단서가 되어 잊지 않을 수 있었던 거지."

"아하, 그렇다면 궁극적으로 잊지 않기 위해선 준비물이 있다는 걸 반복해서 기억해야 되겠네요?"

"그렇지, 메모지에 써서 책상에 붙여 놓거나."

"메모지에 쓴다고요?"

"그럼. 기억을 언제나 머리로만 해야 하는 건 아니잖아?"

"아하."

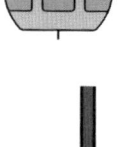

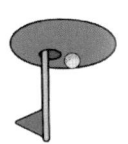

구조를 자주 바꾸지 않는 집안의 물건들이나 집 밖의 골목, 건물 등은 매일 보는 것들이다. 매일 본다는 것은 나도 모르게 무의식적으로 반복되고 있는 것이고, 반복으로 눈에 익어 자연스럽게 기억된 것이다. 익숙해진 골목은 불이 꺼져 어두워도 집까지 잘 찾아올 수 있게 된다. 불이 꺼진 집 안에서 부딪치지 않고 다닐 수 있는 것도 반복에 의한 기억의 결과인 것이다. 처음 방문한 집의 불이 꺼져 칠흑같이 어둡다면 어딘가에 부딪히지 않고 무언가를 찾을 수 있을까?

무언가를 기억하려면 반복은 필수다. 이렇게 생활 속에서 자연스럽게 반복되는 일상적인 일 이외의 것들도 잘 기억하려면 반복은 필수다.

예를 들면, 샤워하는데 문득 기가 막힌 아이디어가 떠오르는 경우가 있다. 그동안 찾아 헤매던 기가 막힌 아이디어다. 어딘가 적어놓긴 해야 하는데 귀찮다. 하지만 이건 잊을래야 잊을 수 없는 기막힌 아이디어라 확실하게 기억날 것이라고 자부한다. 그렇게 즐겁게 샤워를 마치고 나와 그 아이디어를 생각해본다. 그런데 기억이 나지 않는다. 뭔가 기가 막힌 아이디어였다는 것만 기억날 뿐. 이런 일을 누구나 한 번쯤은 경험하지 않는가?

또, 갑자기 해야 할 일이 생각났다. 깜박 잊을뻔했다. 아주 중요한 일이다. 적어놔야 하지만 적지 않았다. 너무 중요해서 잊을 수가 없을 거라 생각했다. 이런 경우도 시간이 지난 후에 기억나는 것은 뭔가 중요한 일을 해야 한다는 사실이고, 정작 그 중요한 일이 무엇인지는 생각이 나질 않는다. 또, 어떤 사람의 이름을 듣고 외웠다. 연예인의 이름과 비슷해서 쉽게 외웠다. 나중에 생각해 보면 생각이 안 난다. 어떤 연예인의 이름과 비슷했다는 사실만 기억날 뿐이다.

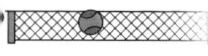

　이런 수많은 경우에서 보듯이 어느 정도 중요하다고 생각되는 정보는 반드시 어딘가에 적어 놓아야 한다. 하지만, 필기하지 못할 상황이라면 반복해야 한다. 아니면, 그 생각이 난 그 시점에 바로 앞에 있는 물건인 샤워기에, 모니터에, 혹은 받은 명함이나 그 사람의 얼굴에 생각단서를 달아놓아야 한다. 그리고 반복까지 한다면 기억은 더욱더 공고해질 것이다.

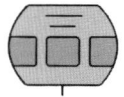

　물론 반복하지 않고 단 한 번에 기억되는 정보도 있다. 딱 한 번의 설명을 들었을 뿐인데 절대 잊혀지지 않는다면 이는 완벽한 이해를 동반했기 때문이다. 하지만 우리가 마주하게 되는 대부분의 정보는 반복을 필요로 한다. 그렇다면 새로운 정보를 평생 기억으로 바꾸는 데에는 몇 번의 반복이 필요할까? 사람마다 기초기억력의 수준이 다 다르기 때문에 콕 집어서 몇 번이라고 얘기할 수는 없다. 또 생각단서의 수준도 사람마다 다르기 때문에 특정할 수 없다. 생각단서를 블록버스터급으로 확실하게 달아 놓았다면 한두 번이면 족할 것이다.

　또, 반복하는 타이밍은 어떻게 해야 하는가? 이 또한 사람

마다 다 다르다. 기억하는 정보의 길이에 따라 달라질 수 있고, 기억하는 시간에 따라 달라질 수도 있다. 예를 들어, 다섯 줄을 기억한다고 할 때 한 줄을 외우고 바로 그 줄을 반복하는 사람이 있는가 하면, 다섯 줄을 다 외우고 다시 처음부터 반복하는 사람도 있다. 많은 사람들이 전자의 방법을 사용한다고 나까지 그 방법을 사용할 필요는 없다. 자신에게 맞는 방법을 찾는 게 더 중요하다.

 필자의 경우도 전자의 방법을 시도한 적이 있었다. 하지만 그 반복의 타이밍이 필자와 맞지 않는다는 것을 깨달았다. 다수의 방법을 시도해 보는 건 나쁘지 않다. 어떤 반복 타이밍이 자기와 맞는지 스스로 테스트해서 알아내야 하기 때문이다. 천편일률적인 반복 타이밍은 독이 될 수 있다. 반드시 자신에게 맞는 반복 타이밍을 찾기 바란다.

 집에 휴대폰을 놓고 나오거나, 지하철에 우산을 놓고 내리는 경우가 종종 있다. 이런 것들을 기억하지 못한 이유는 무엇일까? 재미있는 것은 기억력 선수들조차 종종 이런 실수를 저지른다는 사실이다. 외국의 기억력대회에 나가면 준비물을 깜박해 숙소로 되돌아가는 선수들을 종종 볼 수 있다. 사실 한국의 선수들이 그러는 것도 많이 봤다. 물론 필

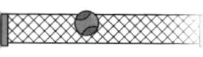
자도 예외는 아니다.

그렇다면 이런 것을 잊지 않기 위해선 어떻게 해야 하는가? 나가기 전까지 휴대폰, 휴대폰, 휴대폰이라고 계속 주문처럼 반복해서 말했다면 어땠을까? 지하철역 하나를 지날 때마다 우산 갖고 내리자, 우산 갖고 내리자라고 반복했으면 어땠을까? 반복을 했으니 당연히 기억했을 테고 잊지 않았을 것이다. 하지만 이렇게 살 수는 없는 노릇이다. 생각할 것도 많고 할 일도 많은데, 단순히 기억만을 위해 할애해야 하는 시간이 너무 아깝고 피곤한 일이기 때문이다.

대부분 기억하지 못했다고 생각하는 것들의 원인은 간섭과잉이다. 다른 할 일이나 잡다한 생각이 너무 많은 것이다. 기억해야 할 일이 수많은 생각에 뒤덮여 희석되어 버린다. 다른 것에 정신이 팔려있느라 미처 챙기지 못하는 것이다. 그러니, 기억력을 탓하지 말자. 기억력은 죄가 없다. 그저 자기 자신이 부주의한 탓이다. 기억을 하지 않고 주의를 기울이지 못했으니 기억력을 탓할 게 아니라 주의력을 탓할 일이다.

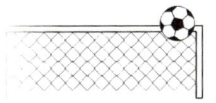

자연스러운 반복을 노려봐

"마스터님"

"응?"

"그럼 사소한 것들을 기억하는 방법은 없나요?"

"생활기억력을 말하는구나?"

"네, 맞아요."

"왜 없겠어?"

"어떻게 하면 돼요?"

"내가 주로 쓰는 방법은 버릇들이기야."

"버릇이요?"

"응, 나가기 전에 항상 현관문에 서서 체크하는 버릇이 있어."

"뭘 체크하는 데요?"

"중요한 3가지를 잊고 나가지는 않는지 체크하지."

"그게 뭔데요?"

"그 3가지는 바로 휴대폰, USB, 지갑이야."

"휴대폰, 지갑은 알겠는데 USB는 왜요?"

"주로 강의를 하러 나가는데, 강의자료가 USB에 담겨 있거든."

"아하, 그 외에도 가져가야 할 게 있을 수 있잖아요?"

"맞아, 하지만 잊었더라도 대부분 현지조달이 가능해. 그런데 저 3가지는 완전 필수야. 그래서 습관처럼 현관에 서서 3가지를 확인하고 나오는 게 버릇이 된 거지."

"그렇군요, 좋은 버릇이네요."

"맞아, 그래서 현관문 이외에도 오래 머문 공간 즉, 지하철이나 카페, 강의실 등을 떠날 때도 마찬가지야."

"잊은 것은 없는지 체크 하는군요?"

"그렇지."

집을 나오기 전에 체크해야 할 항목이 있다면 현관문에써 붙여놓자. 화장실 불 체크, 가스 밸브 체크, 휴대폰, 지

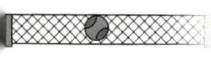

갑, 쓰레기봉투 등의 리스트를 작성하는 것이다. 매일 나서면서 보게 된다면 자연스럽게 반복이 될 테고, 반복이 되면 기억이 된다. 곧 붙여놓은 종이를 떼도 될 때가 온다는 것이다.

또 하나의 방법으로는 세트로 묶는 것이다. 필자는 20년 넘게 매일 잊지 않고 일기를 써 오고 있으며, 매일 스트레칭을 하고 있다. 이 일은 거르는 일이 거의 없다. 이렇게 매일매일 잊지 않고 하고 싶은 것이 있다면, 잊지 않고 매일 하는 일과 세트로 묶으면 된다. 잊지 않고 매일 하는 일이란 식사, 용변, 수면 등을 말한다. 가장 기본적인 생리현상이라 절대 잊을 수 없는 것들이다. 일기, 스트레칭과 세트로 묶을 생리현상은 바로 잠이다. 잠자기 전에 해야 할 일로 일기 쓰는 것과 스트레칭을 하나의 세트로 묶어버렸다. 당연히 매일 반복하게 되니 자연스럽게 기억이 되고, 버릇도 되는 것이다.

이렇게 세트로 묶어 기억을 돕도록 한 좋은 예는 바로 약봉지에 쓰여 있는 식후 30분이다. 하루 3번 약을 먹어야 한다고 8시간마다 시간을 재서 약을 챙겨 먹는 사람은 드물다. 약 먹는 일 자체를 잊어버리기도 한다. 그래서 하루에 3

번 잊지 않고 하는 일인 식사와 세트로 묶은 것이다.

아침에 일어나는 일과 세트로 묶을 일을 만들어보자. 화장실에 앉아있을 때와 세트로 묶을만한 일을 찾아보자. 단, 책 읽기처럼 오래 걸리는 일은 건강에 좋지 않으니 피한다. 회사에 도착하자마자 할 수 있는 일이나, 청소를 위해 청소기를 돌릴 때 세트로 묶을 수 있는 일을 생각해 보자. 외우고 싶은 것을 메모지에 적어 냉장고에 붙여놓는 것은 좋은 방법이다. 냉장고를 열 때마다 한 번씩 본다면 하루에도 수없이 반복하는 셈이 된다.

또, 내일 잊지 말고 반드시 가져가야 할 물건이 있다면, 그것이 생각난 지금 그 물건을 현관 앞에 갖다 놓는다. 그러면 현관을 나설 때 자연스럽게 보게 될 테니 잊지 않게 된다. 이는 생각단서를 실물로 달아놓는 것과 다를 바 없다. 앞서 기억은 머리로만 하는 게 아니라고 했다. 이런 생활 속 습관이 기억을 돕는 보조역할을 하는 것이다. 만약 현관 앞에 놓아야 할 물건이 지금은 냉장고 안에 있어야 하는 물건일 때도 있다. 내 놓으면 상할 수도 있는 물건 말이다. 그럴 경우엔 빈 통이나 냄비를 내 놓으면 된다. 내일 아침에 현관을 나설 때 현관에 있지 말아야 할 통이나 냄비가 있는 의아

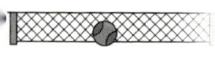

함이 가지고 가야 할 냉장고 안의 물건을 생각나게 하는 생각단서가 되어 줄 것이기 때문이다.

반대로, 기억하고 싶지 않거나 잊고 싶은 기억이 있는가? 이런 경우 역시 우리 뇌를 역이용하면 된다. 오래 기억되는 원리가 반복이라면 반복하지 않음으로써 잊게 만드는 것이다. 잊고 싶은 기억이 있으면 두 번 다시 생각하지 마라. 자꾸 생각이 난다면 다른 일에 몰두해 생각할 시간을 차단하라. 이는 다른 것들로 기억을 덮어 기억에 간섭이 생기게 하거나 기억을 희석시키는 방법이다.

물론 이것은 연인과 헤어졌다거나 친구와 싸웠다거나 하는 개인적인 사소한 기억을 말하는 것이며, 사회적으로 큰 이슈가 되었던 사고 등으로 트라우마를 겪는 이들의 경우를 말하는 것이 아니다. 안타깝지만 후자는 기억력의 영역이 아니다.

자연스러운 반복을 노려봐

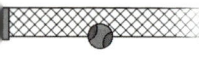

연습문제

집 밖을 나서기 전에 체크해야 할 목록을 작성해보자.

	체크 목록
1	가스 불
2	
3	
4	
5	
6	
7	
8	
9	
10	

일상 속에서 세트로 묶을 수 있는 것들을 적어보자.

일 상	묶을 일
자기 전	

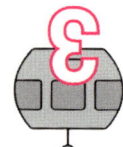
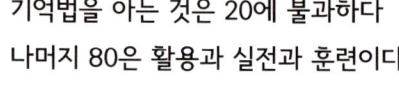

기억법을 아는 것은 20에 불과하다
나머지 80은 활용과 실전과 훈련이다

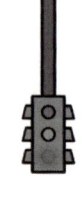

05
올림픽 나가지 마라

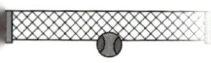

기억력대회라고 들어봤니?

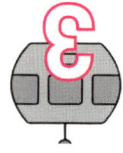

"토그."

"네?"

"기억력대회라고 들어봤니?"

"기억력대회요? 기억력도 대회가 있어요?"

"그럼. 우리나라를 비롯해 세계 여러 나라에서 기억력대회를 개최하고 있지."

"우와, 그렇군요. 그렇다면 어떤 것을 외우는 대회인가요?" 토그가 갸우뚱하며 물었다.

"올림픽대회를 보면 아주 많은 종목을 겨루지?"

"네."

"기억력대회도 대회라서 10개 종목이 있어. 그 10개 종목

을 겨루는 거지."

"10개 종목은 어떤 거예요?"
"얼굴과 이름, 숫자, 이미지, 역사연도, 단어, 카드 외우기 등이 있어."
"와, 장난 아니네요. 저런걸 어떻게 다 외워요?"
"그러게, 머리 쓰는걸 좋아하는 사람들이 모여 각자의 방법으로 기억력을 겨뤄. 초등학생부터 노인까지 모두 한자리에 모여 기억력을 겨루는 거지. 두뇌 스포츠니까 남녀노소를 불문하고 모두다 즐길 수 있다는 게 특징이야."

"재미있긴 하겠네요. 특별한 사람만 나갈 수 있나요?"
"아니, 참가자격이란 거 자체가 없어. 아무나 신청하고 나가면 돼. 기록경기이다 보니 결과로 나온 점수로 승부를 결정하긴 하지만 어차피 자신과의 싸움이거든. 잘하는 사람은 잘하는 사람들끼리, 못하는 사람들은 못하는 사람들끼리 겨루면 돼." 즉, 성적과 상관없이 두뇌스포츠를 즐기면 되는 거지.

"그렇네요, 그럼 저도 한번 나가보고 싶어요."
"그래, 같이 나가보자꾸나."

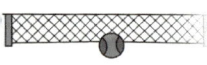

"네, 그럼 국제 기억력 마스터란 자격도 기억력대회에서 받으신 건가요?"

"맞아. 1년에 한번 열리는 세계기억력선수권대회에 나가서 1시간에 무작위로 섞인 카드를 순서대로 11팩 이상을 외우고, 1시간에 무작위 숫자를 순서대로 1,040자리 이상을 외우고, 무작위로 섞인 카드 1팩을 1분 30초 안에 외우고, 나머지 종목들의 성적도 우수해야 받을 수 있지."

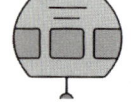

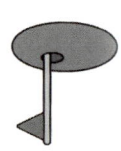

"헐, 굉장하군요. 어떻게 저 많은걸 외우죠?" 토그가 놀란 눈으로 물었다.

"하하, 쉽진 않겠지만 열심히 하다 보면 언젠가는 되겠지?"

"아무튼 대단하네요."

아주 옛날 먹을 것이 없던 시절, 생존을 위해선 사냥을 해야 했다. 그래서 활을 잘 쏘면 유리했다. 동물을 잘 잡을 수 있었기 때문이다. 달리기도 잘하면 유리했다. 맹수가 쫓아올 때 빠르게 도망갈 수 있었기 때문이다. 이 모든 것은 생존과 관련이 있었다. 잡으면 사는 것이고 못 잡으면 내가 죽을 수 있었던 것이다.

법보다 주먹이 가깝던 시대에는 싸움을 잘하는 것이 생존에 유리했다. 문자도 없고 기록할 수도 없었던 시대에는 모두 머리로 기억해야만 했다. 많이 기억하는 게 생존에 유리했기 때문이다.

하지만 현대에 와서는 활을 쏠 필요도, 빠르게 달릴 필요도 없어졌다. 먹거리가 풍부해지고, 멀면 자동차를 타고 가면 그만이다. 싸움을 잘해봤자 내 돈만 나간다는 걸 깨닫게 될 뿐이다. 게다가 인간의 기억력을 대체해 줄 많은 기기들이 발명되었다. 하지만 활을 잘 쏘고, 달리기를 잘하고, 싸

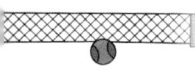

움을 잘하고, 기억력이 좋으면 현대사회에서도 유리하긴 하다. 버스나 지하철을 놓치지 않을 수 있고, 자격증도 어렵지 않게 딸 수 있기 때문이다.

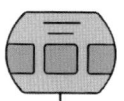

이렇듯 현대에 와서 크게 쓸모 없어진 단일 재능들은 스포츠로 발전했다. 올림픽에서는 양궁, 육상 경주 그리고 각종 투기종목에서 실력을 겨룬다. 이와 마찬가지로 기억력대회에서는 스마트기기에 자리를 내 준 기억력을 겨룬다. 인간 본연의 능력으로 인간의 한계에 도전하는 것이다.

기억력대회는 총 10종목을 겨루다보니 대회를 하루에 다 끝낼 수 없어 보통 이틀 동안 열리게 된다. 심지어 매년 12월에 열리는 세계기억력대회는 3일 동안에 걸쳐 대회를 치룬다. 하지만 이는 국내나 외국에서 열리는 국제기억력대회가 그런 것이고, 우리나라 국민을 대상으로 열리고 있는 전국기억력대회는 종목 수를 5종목으로 줄여 하루 동안에 다 치르고 있다. 이 5종목은 얼굴&이름, 숫자, 이미지, 무작위 단어, 카드이다.

기억력 스포츠에는 아래와 같은 총 10개 종목이 있다.

Names & Faces (얼굴&이름)

Binary Digits (2진수)

Random Images (이미지)

Speed Numbers (숫자)

Historic/Future Dates (가상의 역사연도)

Random Words (무작위 단어)

Spoken Numbers (불러주는 숫자)

Speed Cards (카드)

Long Numbers (긴 숫자)

Long Cards (긴 카드)

마지막 2개의 종목은 기존의 10진수와 카드종목을 긴 시간 동안 외운다. 대회의 성격에 따라 다른데 10분부터 1시간까지 다양하다.

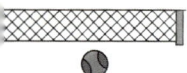

숫자를 외운다고?

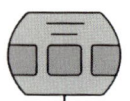

"그런데요?"

"응."

"기억력대회 종목 중에는 숫자가 있잖아요?"

"그렇지."

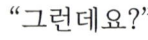

"거기서 숫자를 그렇게 많이 외우는 게 의미가 있나요?"

"응, 좋은 질문이야. 그렇게 생각하는 사람들이 있지."

"저만 그런게 아니군요."

"응, 한마디로 쓸모가 없다고 생각하지."

"맞아요."

"무작위로 나열된 이런 숫자 가령, 17362285147917582 91425816235495236 4478와 같은 것들을 뭐 하러 외우느

냐는 말이지."

"그러니까요."

"물론 틀린 말은 아니야. 하지만, 우리 주위를 둘러보면 사방이 숫자투성이야."

"그런가요?"

"그럼. 굳이 수학과목을 들먹이지 않더라도 사람들마다 갖고 있는 주민등록번호가 숫자고, 전화번호도 숫자야. 날짜도 숫자고, 버스번호, 방 번호, 현관문이나 금고번호, 자동차번호, 물건의 가격도 다 숫자라고."

"우와, 그렇네요? 의외로 숫자로 된 게 많았네요?"

"그렇지, 길든 짧든 숫자를 쉽게 외울 수 있다는 것은 현대사회를 살아가는데 충분히 유리하게 작용될 수 있단 말이지."

"음, 생각해 보니 그렇네요."

그럼 무작위로 섞인 카드의 순서를 외우는 것은 쓸모가 있을까? 카지노에 간다면 쓸모 있지 않을까? 안타깝게도 카지노의 시스템이 옛날 같지 않아서 카드의 순서를 외운다고 그다지 유리하지는 않다. 하지만, 기억력을 테스트하기

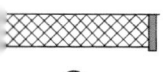

위해서라면 이만한 것도 없다. 숫자가 다 다르고 문양이 다른 52개로 이루어져 있어 외울 거리로서 그만이기 때문이다. 게다가 개수도 외우기 적당하고 전세계에 널리 퍼져있으니 인지도 또한 높다. 어디 그뿐인가? 직접 들고 한 장 한 장 넘기며 기억해야 하므로 퍼포먼스 요소도 갖췄다.

기억에서 가장 중요한 건 무엇을 외우느냐가 아니다. 어떤 정보가 주어졌을 때 그것을 어떻게 외울 것인가 하는 방법론, 바로 이것이 기억의 핵심이다. 쓸모 없어 보이는 것들에 의미를 부여하는 것이 기억법이고, 눈에 보이고 손에 잡히도록 만드는 것이 기억법이다. 쓸모 없어 보일 때 기억법은 더 빛을 발한다.

우리가 살아가면서 마주치게 되는 외워야 할 정보들 중에는 의미가 없는 것들이 다수 있다. 루마니아의 수도 **부쿠레슈티**를 외워야 한다거나, **원흥역**을 외워야 한다거나, 새로 취임한 장관의 이름을 외워야 한다거나 할 때 그것들을 수월하게 외울 방법이 필요하다.

그 방법으로는 대게 앞서 설명한대로 의미가 있고, 눈에 보이고, 손에 잡히는 형체를 가진 정보가 되도록 생각처리하여 머릿속에 집어넣는 것이다.

숫자나 카드처럼 의미 없는 정보를 기억하는 것은 숫자와 카드에 버금가는 생활 속의 이런 무의미한 정보들을 생각처리하고 기억하는 훈련이다. 그래서 어떤 형태의 정보를 만나더라도 어렵지 않게 기억할 수 있는 자신감을 키우는 것이다.

831637◆♥♠♣$@!%#&

사실 숫자나 카드는 몰개성의 극치이다. 특수문자나 키보드의 숫자 위에 있는 기호들과 별반 다르지 않다. 읽어봐도 별다른 의미가 읽혀지지 않는다. 아이러니하게도 그렇기 때문에 기억력을 테스트하기에는 더할 나위 없이 좋은 것이다. 앞서 얘기했듯이 아무 의미가 없는 것에 의미와 형체를 담아 쉽게 기억할 수 있게 가공하는 **생각처리** 능력은 기억력의 핵심이기 때문이다.

숫자나 카드를 외운다는 것은 바로 이런 것들을 훈련하는 것이고, 그 훈련의 결과를 겨루는 것이다. 무의미한 숫자를

어떻게 생각처리할 것인지 전략을 세우고, 무의미한 카드를 어떻게 생각처리하여 외울 것인지 전략을 짜는 과정에서 관찰력이 좋아지고, 상상력이 풍부해지며, 창의력이 높아지는 것이다.

보통 외워야 할 정보와 마주치게 되면 제일 먼저 어떻게 생각처리를 할 것인지 전략을 짜게 된다. 무턱대고 외우는 것보다 훨씬 효율적이기 때문이다. 핵심은 외우고자 하는 형태와 모양은 다르더라도 그 기억의 원리는 같다는 것이다. 바로 이 기억의 원리로 어떤 정보든 수월하게 기억할 수 있게 되는 것이다.

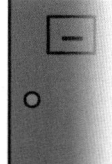

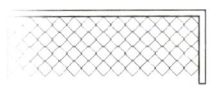

숫자를 외운다고?

숫자에 의미를 입혀 봐

"토그, 한번 생각해 봐"

"네."

"피곤해서 일찍 자려고 샤워 후 나와 봤더니 침대 위에 화살이 가득 꽂혀 있는거야."

"자객이 들었나요?"

"그러게, 두려운 마음에 방문을 닫고 나왔어. 시원한 물을 먹고 정신을 차리려고 냉장고 문을 열었더니 냉장고 안에는 심장이 있는 거야. 아직 뛰고 있는."

"무섭네요."

"그렇지? 얼른 냉장고 문을 닫고 거실로 갔더니 TV에서 예쁜 무지개가 나와 옆에 있는 소파로 이어졌어."

"이 장면은 예쁘네요."

"하하, 근데 그 소파엔 장독대가 앉아 있었어."

"서로의 김치를 꺼내 먹으면서요." 토그가 거들었다.

"우와, 좋았어, 잘하는데? 그리고 어항에는 책장이 넘어졌는지 책들이 빠져 헤엄치고 있었어. 창문 밖에서는 나비 떼가 창문을 깨고 들어왔지."

"다시 무서워지네요."

"하하, 화장실에 갔더니 바닥에 시멘트가 발라져 있었어. 아직 다 안 말랐는지 밟았더니 발이 푹 빠지는 거야."

"네, 찜찜한 느낌이 오네요."

"그렇지? 자, 그럼 잘 기억하고 있는지 한번 볼까?"

"네." 토그는 자신 있다는 듯 대답했다.

"침대는 어땠지?"

"화살이 잔뜩 박혀 있었어요."

"그렇지, 그 다음 냉장고를 열었더니?"

"뛰고 있는 심장이 있었지요."

"TV는?"

"무지개요." 팔을 크게 휘저으며 토그가 대답했다.

"그럼 소파에는?"

"장독대가 있었죠."

"어항 안에는?"

"책들이 헤엄치고 있었어요."

"그렇지, 창문은?"

"나비가 들어왔어요."

"마지막으로 화장실은?"

"바닥에 시멘트가 발라져 있었어요."

"우와, 다 맞혔네."

"헤헤, 제가 좀 잘하죠."

"그래, 잘했어. 자, 그럼 장소는 빼고, 일곱 가지의 일어난 일들만 순서대로 얘기해 볼까?"

토그는 눈동자를 위쪽으로 향한 채 이리저리 굴리면서 말했다. "화살이 박혀 있고, 심장이 있었고, 무지개가 나왔고, 장독이 앉아 있었고, 책들이 헤엄쳤고, 나비가 들어왔고, 시멘트가 발라져 있었어요."

"그렇지, 아주 잘 기억하고 있구나. 기억력이 아주 좋네?"

"기억력이 좋다고요?" 머리를 갸우뚱 하던 토그가 대꾸했다.

"응, 일곱 가지를 다 기억해 냈잖아"

"에이~ 이건 쉽잖아요. 누구나 다 기억할 수 있을걸요?" 아무것도 아니라는 듯 토그가 대답했다.

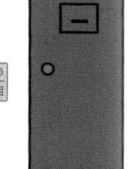

196 기억하지마라

"그래? 쉽다고? 자, 그럼 이 숫자도 한번 기억해 보겠니?"

1415926535897793238462

"에이~ 이걸 어떻게 외워요. 못 외워요. 너무 길어요" 토그는 난처한 듯 머리를 긁적이며 말했다.

"맞아, 어려워. 나도 못 외우겠다."

"정말이요? 기억력 마스터신데도 어렵다고요?" 이해가 안 간다는 듯 토그가 되물었다.

"그럼, 어렵지, 숫자를 외우는 건 누구한테나 어려운 일이야."

"그렇군요." 토그가 다행이라는 듯 옅은 미소를 띠며 말했다.

"그런데."

"그런데요?" 토그가 고개를 들어 마스터를 쳐다봤다.

"그런데, 기억력 스포츠 선수들은 숫자를 글자로 바꿔서 읽는다는 사실을 아니?"

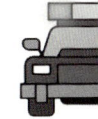

"숫자를 글자로요?" 토그가 눈이 휘둥그래지며 물었다.

"응, 그래서 방금 저 숫자들도 글자로 읽을 수가 있지"

"와, 신기하네요."

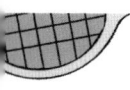

"그럼 저 숫자를 글자로 어떻게 읽을까?"

"당연히 모르죠."

"네가 방금 얘기했던 일곱 가지 단어 화살, 심장, 무지개."

"장독, 책, 나비, 시멘트요?" 재빨리 말을 가로채며 토그가 외쳤다.

"그래, 맞았어."

토그가 신기한 듯 되물었다. "우와~ 정말 저 숫자를 그렇게 읽는다고요?"

"응, 그래, 그리고 저 숫자는 원주율 소수점 이하 21자리까지의 숫자야."

"우와, 신기하네요."

숫자를 외우는 것은 누구에게나 힘든 일이다. 숫자는 아무런 의미를 가지고 있지 않기 때문이다. 그래도 어떻게든 쉽게 외워보려는 시도는 있어왔다. 다 알다시피 이삿짐센터는 **2424**(이사이사), 빨리 오라고 할 때는 **8282**(빨리빨리), 코레일 전화번호 **7788**(칙칙폭폭), 상점 전화번호는 **4989**(사구팔구) 이런 식이다.

기억하지마라

그리고 이런 시도는 대부분 성공하여 일반인들도 어렵지 않게 외우는 숫자가 됐다. 숫자에는 의미가 없지만, 숫자를 읽을 때 나는 발음으로 단어를 만들어 의미를 담았기 때문이다.

이렇게 숫자로만 정보를 전달하는 것이 가장 유행했던 시기는 예전에 삐삐를 사용하던 때가 아니었나 싶다. 그때는 발음뿐만 아니라, 모양이나 글자의 획수까지 활용하여 만드는 등 다양한 시도들이 있었다.

1004는 그대로 읽어 천사, **1001**은 안경의 모양을 닮았다. **486**은 '사랑해'였는데 글자의 획수를 숫자로 표현한 것이다.

숫자를 한글로 읽는 거지!

"토그."

"네?"

"04를 어떻게 읽지?"

"공사요"

"뭐가 생각나?"

"음, 공사장요."

"그렇지. 그럼 이제 04라는 숫자를 만나면 공사장의 포크레인 따위를 생각하면 되겠지?"

"아하, 그렇네요?"

"응, 그럼 28을 읽어보면?"

"이팔?"

"그래, 발음을 조금 바꿔보면 이발이나 이빨이 되지."

"그렇네요."

"그럼 이제 28이란 숫자를 만나면 이발로 머리카락이 잘려나가는 걸 생각하면 되는 거지."

"그렇군요."

"**31**을 읽으면?"

"삼일, 삼일운동이네요?"

"그렇지, 잘하네, 31이란 숫자는 이제 삼일 만세운동 하는 숫자처럼 보이겠네?"

"그렇겠네요."

"그럼 **35**는?"

"사모님."

"그렇지, **40**은?"

"사공, 뱃사공."

"잘했어, **42**는?"

"사이, 사이다? 싸이?"

"그렇지, 이 경우는 싸이가 좋겠지?"

"네, 그렇네요, 더 크고 움직임도 있으니까요."

"아주 잘 알고 있네."

"헤헤."

숫자를 한글로 읽는 거지!

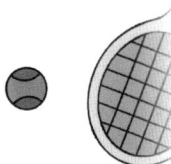

"52는? 53은?"

"오이, 오삼불고기."

"그렇지, 63은? 82는? 92는?"

"육삼빌딩, 파리, 구이."

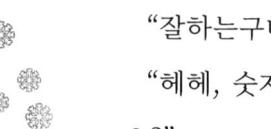

"잘하는구나."

"헤헤, 숫자를 바로 글자로 읽을 수 있는 게 의외로 많네요?"

"그렇지? 이 밖에도 **09**(영구), **29**(이구아나), **35**(사모님), **51**(오일), **58**(오빠), **99**(구구콘) 등 꽤 있지."

그렇다면 미리 00부터 99까지 100개의 숫자를 의미가 있고, 눈에 보이고, 손에 잡히는 형체를 가진 단어로 생각처리 해놓으면 어떨까? 그래서 숫자를 한글로 읽을 수만 있다면 숫자를 기억하는데 훨씬 더 수월해지지 않을까? 만약 그렇게만 된다면 숫자로 뒤덮인 세상에서 좀 더 편하게 살 수 있는 무기 하나를 소지하게 되는 셈이 될 것이다.

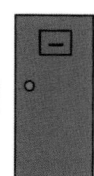

그렇다. 한번 만들어 놓으면 평생 동안 써 먹을 수 있는 자산이 하나 더 생기는 것이다. 하지만 이 숫자의 생각처

202 기억하지마라

리 과정을 번거롭고 귀찮다고 생각하는 이들도 있다. 기억을 위해서 숫자를 글자로 읽을 수 있게 준비하는 것은, 요리로 치면 재료를 준비하는 단계와 같다고 할 수 있다. 신선한 재료를 사서 씻고, 썰고, 다듬는 과정이 없이 어떻게 맛있게 요리를 한단 말인가?

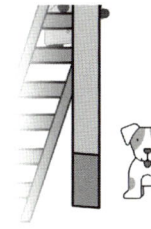

고OO 찰흙만진 의사는 대인배
권OO 2시에 그네타며 큰소리
김OO 슈렉 치마는 땡땡이
김OO 내시가 녹차주며 친구하재
김OO 박수치며 흑돼지랑 대화
송OO 마라톤하던 아저씨가 전망대에
안OO 삼계탕을 칫솔로 문질러 까매져
이OO 치마로 뱃살 못가려
이OO 견인되던 시바견이 부화됐대
전OO 삼총사가 김밥싸들고 부산행
정OO 떨어지는 동전 때리기
한OO 시조새 가슴에 뽀뽀
황OO 골프공으로 피아노 연주

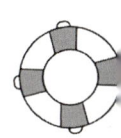
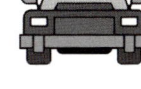

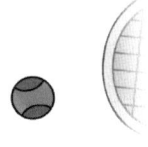
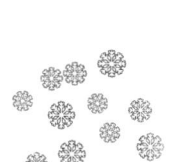

필자의 휴대폰에는 지인들의 전화번호가 이렇게 저장되어 있다. 이름 뒤에 써 놓은 것은 그 사람을 잊지 않기 위한 특징 따위가 아니다. 바로 전화번호다. 숫자를 글자로 바꿔 함께 적어놓은 것이다.

이렇게 하면 무슨 장점이 있을까? 바로 전화가 올 때다. 전화가 오면 화면에 이렇게 뜬다. 이름 뒤에 전화번호를 가장한 글자가 함께 보이는 것이다. 이렇게 자주 보게 되면 기억하고 싶지 않아도 저절로 기억하게 된다. 이름과 전화번호가 하나의 세트로 말이다.

이것은 생활 속에서 실천할 수 있는 하나의 기억 노하우라고 할 수 있다. 굳이 시간을 내서 외우지 않아도 어렵지 않게 외워진다. 힘들고 고통스럽게 외워야 하는 암기가 아니라 자연스럽게 기억되는 시스템을 만든 것이다.

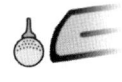

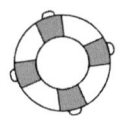

숫자를 한글로 읽는 거지!

긴 건 조각내서 읽어봐

"토그."

"네?"

"이거 봐봐."

6498704633140893416404191 87647

"이게 뭐예요?" 숫자를 보고 토그가 물었다.

"무작위 숫자 30개야."

"이렇게 긴 숫자는 어떻게 기억해요?"

"응, 길면 기억하기 힘들어. 길수록 의미가 더 없어지기 때문이지."

"맞아요."

"그래서 숫자를 조각 내서 나누는 방법을 사용해."

"조각을 낸다구요?"

"응, 숫자를 하나씩 조각내면 독립된 30개의 숫자가 되지."

6/4/9/8/7/0/4/6/3/3/1/4/0/8/9/3/4/1/6/4/0/4/1/9/1/8/7/6/4/7

"네, 그렇죠."

"근데, 좀 많지?"

"맞아요, 여전히 많아요."

"그래, 그럼 숫자를 2개씩 묶어 나누면 어떨까?"

64/98/70/46/33/14/08/93/41/64/04/19/18/76/47

"15개로 줄어들어요."

"그렇지? 그럼 이제 2자리로 된 숫자 15개를 순서대로 외운 후 이어 붙이면 총 30개의 숫자를 외우는 격이 되겠지?"

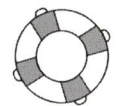

"아하, 그러면 되겠네요."

"응, 더 줄여볼까?"

긴 건 조각내서 읽어봐

649/870/463/314/089/341/640/419/187/647

"3개씩 묶어서 10개로 줄어들었네요?"

"응, 그런데 외울 양은 줄어들었지만 숫자를 3개씩 묶는 방법은 경우의 수가 너무 많다는 치명적인 약점이 있어."

"그렇겠네요, 000부터 999까지 1000개의 숫자 조합이 나오잖아요?"

"맞아, 반면 1자리 숫자는 0부터 9까지 10개의 숫자만 글자로 만들어두면 되니까 편하지."

"그럼 1자리 숫자로 30개를 외우는 건가요?"

"아니야, 그러면 또 같은 게 너무 자주 나온다는 단점이 있어. 그래서 보통 2개의 숫자 조합을 사용하지. 00부터 99까지 100정도로 적당하기 때문이야."

"아하, 그렇네요."

그런데 사실 숫자 100개를 글자 100개로 만드는 일도 대부분의 사람들에게는 어려운 일이다. 맘먹고 기억력을 배워보겠다고 작정했지만 바로 이 지점에서 지레 겁먹고 도망치게 된다. 안타까운 일이다.

이번 기회에 필자와 함께 만들어 보자. 그냥 읽다 보면 100개의 숫자가 100개의 단어로 바뀌어 있을 것이다. 만일 여러 개의 단어가 제시되면 자기 자신에게 더 의미있게 다가오는 단어를 선택하면 된다. 시작해보자. 00부터 99까지의 숫자를 생각처리하여 글자로 읽는 방법으로 발음을 이용한다.

00은 공공의 발음을 조금 바꿔 콩콩, 즉 스카이콩콩으로 바꾼다.

01은 1이니까 일등(시상대), 혹은 공휴일(달력) 또, 015B를 안다면 공일오비도 좋다.

02는 절구 공이, 또는 2002년 월드컵의 기억이 있으면 02년 월드컵도 괜찮겠다.

03은 영삼이라고 읽으니까 김영삼 대통령, 혹은 영상,

04는 공사장의 포크레인,

05는 공옥진이 누군지 안다면 공옥진, 아니면 공효진, 또는 자기 고모.

06은 공유, 혹은 공유기,

07은 발음대로 꽁치, 혹은 공책, 또는 땡칠이를 안다면 땡

칠이.

08은 곰팡이, 콩팥 혹은 양파.

09는 심형래의 영구, 혹은 공구함.

10은 십자가나 일공펀치.

11은 모양대로 빼빼로, 혹은 젓가락, 또는 발음으로 십일조 헌금으로 바꾸어도 좋다.

12는 열두제자, 혹은 이리, 혹은 십이지장.

13은 13일의 금요일이란 영화에 나오는 무시무시한 제이슨, 또는 시상식.

14는 식사, 혹은 일사병.

15는 십오야 둥근 보름달, 혹은 자신의 보물 1호.

16은 일류 요리사.

17은 일치하는 옷 즉, 커플티 입은 두 커플이나 일출, 또는 일지매.

18은 신발, 또는 노래방에서 부르는 십팔번.

19는 최일구 아나운서, 일꾼.

자, 그럼 다음의 숫자를 글자로 읽어보자.

05 13 17 07 01 19 08 14 02 16 09 03 10 04 00 11 15 06 18 12

공효진, 13일의 금요일, 일치, 꽁치, 공휴일 달력, 일구, 콩팥, 일사병, 절구 공이, 일류 요리사, 영구, 김영삼, 십자가, 공사, 스카이 콩콩, 빼빼로, 보름달, 공유, 신발, 12제자 등으로 잘 읽었는가? 그럼 계속해보자.

20은 인공위성, 또는 이영자.

21은 투에니원.

22는 율곡 이이가 있는 오천원권 지폐.

23은 발음대로 인삼.

24는 이사.

25는 마시는 이오, 또는 이온음료.

26은 이륙.

27은 이치로, 또는 인질.

28은 이발 혹은 이빨, 또는 이파니.

29는 이구아나, 또는 이국주.

30은 삼양라면, 또는 삼공노트.

31은 삼일운동 혹은 배스킨라빈스 아이스크림.

32는 사미승, 혹은 탤런트 사미자.

33은 민족대표33인, 또는 삼겹살 먹는 삼삼데이.

34는 직장의 상사, 혹은 3군사관학교.

35는 사모님.

36은 36계 줄행랑 또는 369게임.

37은 삼총사, 혹은 삼치.

38은 삼팔선.

39는 삼국지, 또는 당구를 좋아한다면 삼구.

자, 그럼 다음의 숫자를 글자로 한번 읽어보자.

33 22 39 25 30 34 27 36 28 38 24 31 37 20 23 32 35 26 21 29

33인, 율곡이이, 삼국지, 이오, 삼양라면, 상사, 이치로, 36계, 이발, 삼팔선, 이사, 삼일운동, 삼총사, 인공위성, 인삼, 사미승, 사모님, 이륙, 투에니원, 이구아나 등으로 잘 읽었다면 계속해보자.

40은 뱃사공.

41은 미사일이나 쌀.

42는 싸이.

43은 사슴.

44는 살사, 혹은 사자.

45는 사오정.

46은 사육사.

47은 사치품, 혹은 삽질.

48은 사파리, 혹은 사발, 또는 사발면.

49는 사군자, 혹은 사고나 살구.

50은 손오공이나 오공본드.

51은 베이비오일, 혹은 주유소의 오일.

52는 오이마사지.

53은 오삼불고기.

54는 도사, 혹은 옥상. 여기서 옥상은 너무 크므로 옥상에 널어놓은 빨래 걸이나 안테나 정도로 한정시키면 된다. 또는 옥상달빛으로 정해도 괜찮다.

55는 요요 혹은 뽀뽀.

56은 오륙도, 또는 윈도우의 오류가 난 파란화면.

57은 옻칠이나 샘 오취리.

58은 오빠나 보석 오팔.

59는 오구쌀피자, 혹은 오크족.

자, 그럼 다음의 숫자를 글자로 읽어보자.

43 52 44 46 51 49 56 47 59 48 50 58 41 53 45 54 40 55 42 57

사슴, 오이마사지, 사자, 사육사, 오일, 사군자, 오륙도, 사치, 오구쌀피자, 사발, 오공본드, 오빠, 미사일, 오삼불고기, 사오정, 도사, 뱃사공, 요요, 싸이, 옻칠 등으로 잘 읽었는가? 그럼 계속해보자.

60은 유공훈장이나 환갑잔치, 육공트럭.

61은 유일신, 혹은 육일기.

62는 유기견, 또는 유이, 6.25전쟁.

63은 63빌딩.

64는 육사생도, 또는 육상선수.

65는 유골, 혹은 육교, 또는 유고걸 부른 이효리.

66은 우유.

67은 유치원생.

68은 윷판, 혹은 센과 치히로의 행방불명에 나왔던 머리 큰 유바바.

69는 육군.

70은 칠공주, 또는 진공청소기.

71은 친일파.

72는 칠리소스, 또는 체리.

73은 책상.

74는 철사, 혹은 취사병.

75는 첼로.

76은 체육이나 치유.

77은 취침.

78은 칠판.

79는 친구.

자, 그럼 다음의 숫자를 글자로 한번 읽어보자.

75 65 73 66 79 67 76 62 70 68 71 64 60 74 63 77 61 72 69 78

첼로, 유고걸, 책상, 우유, 친구, 유치원생, 체육, 유기견, 칠공주, 윷판, 친일파, 육사생도, 환갑잔치, 철사, 63빌딩, 취침, 유일신, 체리, 육군, 칠판 등으로 잘 읽었는가? 자, 그럼 마무리해보자.

80은 팔공산 갓바위.

81은 파일.

82는 파리, 혹은 포켓몬의 파이리.

83은 밥상이나 발삼샴푸.

84는 발사, 혹은 판사.

85는 파라오.

86은 발육.

87은 팔찌.

88은 파파스머프, 혹은 디스코팡팡.

89는 팔굽혀펴기, 혹은 방구.

90은 구공탄.

91은 귤, 혹은 굴.

92는 구이.

93은 고3학생.

94는 궁사.

95는 구호품, 또는 구미호.

96은 말구유.

97은 구찌가방, 혹은 구치소.

98은 굿판, 또는 군밤.

99는 구구콘, 혹은 구구구 우는 비둘기.

자, 이제 마지막으로 숫자를 글자로 읽어보자.

90 83 94 98 84 91 89 92 96 81 99 85 93 80 88 95 87 82 97 86

구공탄, 밥상, 궁사, 굿판, 판사, 귤, 방구, 구이, 구유, 파일, 구구콘, 파라오, 고3, 팔공산, 파파, 구호품, 팔찌, 파리, 구찌; 발육 등으로 잘 읽었는가?

이제 숫자 전체를 읽는 연습을 해보자. 다음의 00부터 99까지의 무작위 숫자를 글자로 읽어보자. 이것을 틈틈이 읽어보기 바란다. 자주 읽으면 다 읽는데 까지 걸리는 시간은 점점 줄어든다. 만약 1분안에 다 읽을 수 있으면 기억력 선수를 해도 탑 랭커가 될 것이라고 자부한다.

75 91 64 79 18 61 86 57 71 22 19 33 84 98 97 66 21 45 54
56 00 03 17 26 24 72 81 38 14 51 67 49 09 32 36 16 39 53
08 52 80 13 65 76 82 88 93 90 83 31 55 47 96 99 42 62 85
07 02 23 73 27 40 35 01 92 70 74 50 11 48 28 37 10 30 15
95 41 44 59 04 06 46 25 12 43 60 20 34 89 58 69 68 94 29
63 77 87 05 78

이렇게 2자리의 숫자를 모두 생각처리하여 글자로 바꿔봤다. 독자도 몇 번만 반복해서 읽어보면 어렵지 않게 외울 수 있다는 것을 알게 될 것이다. 여기서 중요한 건 확실한 형상을 갖는 것이다.

예를 들면, 육사생도와 육군은 헷갈릴 수 있다. 따라서 이 땐 여러 명의 육사생도가 발맞추어 걷는 모습과 포복을 하거나 총을 쏘는 모습의 육군으로 확실하게 구분 지어야 할 것이다.

QR코드를 통해 숫자의 생각처리를 영상으로 보자.
(www.somssi.com/book/numbers.html)

긴 건 조각내서 읽어봐

■ 연습문제

자신이 정한 **숫자의 생각처리** 단어를 써보자.

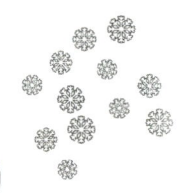

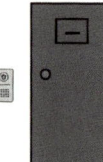

00		20		40	
01		21		41	
02		22		42	
03		23		43	
04		24		44	
05		25		45	
06		26		46	
07		27		47	
08		28		48	
09		29		49	
10		30		50	
11		31		51	
12		32		52	
13		33		53	
14		34		54	
15		35		55	
16		36		56	
17		37		57	
18		38		58	
19		39		59	

60		80	
61		81	
62		82	
63		83	
64		84	
65		85	
66		86	
67		87	
68		88	
69		89	
70		90	
71		91	
72		92	
73		93	
74		94	
75		95	
76		96	
77		97	
78		98	
79		99	

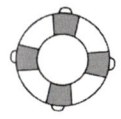

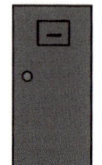

외웠으면 연습해!

"토그, 숫자의 생각처리는 잘 돼가?"
"어느 정도는 외웠어요."
"오, 그래? 57은 뭐야?"
"옻칠이요."
"응, 근데 옻칠이 뭔지는 알아?"
"잘 몰라서 인터넷으로 찾아봤어요."
"오, 잘했네. 잘 모르는 건 확실한 이미지나 영상을 생각하기 어려우니까 검색을 통해서라도 찾아보는 게 중요하지."
"아하, 잘하고 있었네요."
"그래, 이제 연습만 하면 되겠네?"

"네, 근데 어떤 식으로 하죠?"

"음. 길을 나서면 어디서나 볼 수 있는 자동차 번호판으로 연습을 하는 건 어떨까?"

"자동차 번호판이요?"

"응, 자동차 번호판을 보면 오른쪽에 크게 4개의 숫자가 써 있잖아?"

"아, 그걸 보면서 글자로 바꾸는 연습을 하라는 말씀이군요?"

"역시, 토그는 이해가 빨라."

"헤헤."

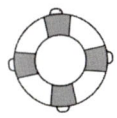

"예를 들어,

2867

이면?"

"이발, 유치원생 이라고 읽죠."

"그렇지, 그럼,

9146

이면?"

"귤과 사육사요."

"맞았어, 그렇게 읽는 게 익숙해진 후엔 두 개의 단어로 이야기를 만들어보렴."

"우와, 이야기요?"

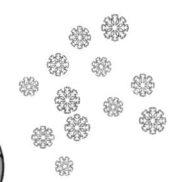

"응, 2867이면, 이발사가 유치원생들의 머리를 깎아준다라고."

"오, 9146이면 귤을 호랑이에게 던져주는 사육사 이렇게요?"

"그렇지."

"우와, 재미있네요."

이때 문제는 앞 뒤 단어의 순서가 헷갈리기 쉽다는 것이다. 예컨대 '이발하는 유치원생'이나, '유치원생이 이발을 한다' 식으로 이야기를 엮으면 둘 다 헷갈리기 쉽다. 또, '귤을 먹는 사육사'나, '사육사가 귤을 먹는다' 역시 마찬가지로 둘 다 헷갈리기 십상이다.

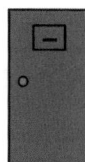

이를 해결하는 방법은 의외로 간단한데, 효과적인 방법으로는 위, 아래로 위치를 달리하는 방법이나 주어, 목적어 정

도로 구분해 주는 방법 등이 있다.

먼저 위, 아래로 위치를 달리해 보겠다. 2867은 이발사가 유치원생을 목말 태우고 있다. 9146은 귤을 사육사가 밟고 있다. 만약 숫자가 6728이나 4691처럼 앞, 뒤로 바뀌어 있다면, 유치원생의 머리를 천장에 매달린 이발사가 깎아주고 있다. 그리고 사육사의 머리위로 귤 여러 개가 떨어진다. 이 경우는 앞에 있는 숫자가 밑에 있고, 뒤에 있는 숫자를 위에 둔 경우이다.

그럼 이번엔 주어, 목적어로 구분하는 방법의 예시이다. 2867은 이발사가 유치원생의 머리를 깎고 있다, 9146은 커다란 귤이 입을 벌려 사육사를 삼켰다 정도가 되겠다. 숫자의 앞, 뒤가 바뀌었다면 6728은 유치원생이 이발도구를 가지고 놀고 있다. 4691은 사육사가 귤 여러 개를 사육시키고 있다라고 의인화시킬 수 있겠다.

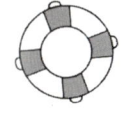

숫자를 글자로 읽는 것이 어느 정도 되면 자동차 번호판을 읽는 연습이나 지인들 전화번호 읽는 연습을 해보자. 이 정도만 돼도 기억력이 슬슬 재미있어지는 걸 느끼게 될 것이다.

연습문제

다음의 4자리 숫자로 이야기를 만들어보자.

첫 번째 연습

5 8 4 9

두 번째 연습

1 3 9 7

세 번째 연습

9 6 2 1

네 번째 연습

8 7 3 2

다섯 번째 연습

7 5 3 9

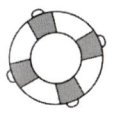

여섯 번째 연습

4 3 6 5

외웠으면 연습해!

카드도 외운다고?

"마스터님."

"응?"

"기억력대회에서는 카드도 외우죠?"

"그렇지."

"와, 카드는 도대체 어떻게 외우죠?" 토그가 동그란 눈을 더욱 크게 뜨며 물었다.

"카드에 써 있는 숫자나 무늬를 보고 외우지."

"근데, 사실상 무의미한 기호에 불과하지 않나요?"

"맞아, 무의미하지. 그럼, 무의미한 것을 눈에 보이고 손에 잡히게 만들면 기억이 잘 되겠네? 그걸 뭐라고 했지?"

"아, 생각처리요!"

"그렇지, 형체가 없으니까 눈에 보이고 손에 잡히도록 만들면 돼."

"어떻게요?"

"예를 들어 4◆를 뭐라고 읽지?"

"4 다이아요."

"그렇지, 그렇게 앞 글자만 따서 사다리라고 하면 되겠네. 4◆ 카드를 보게 되면 이제 사다리를 생각하면 되겠지?"

"아하, 그렇군요. 그럼 9♥는요?"

"9 하트니까 구하라 정도."

"오, 발음으로 바꾸는군요?"

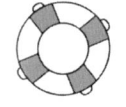

"응, 그런데 이런 방법이 있는가 하면 다르게 생각처리 하는 방법도 있어."

"어떻게요?" 토그가 마스터 쪽으로 다가오며 물었다.

"응, 한국인에게 아주 유리한 방법이 있지."

"오, 뭔가요?"

"카드를 잘 보면 위에는 숫자, 밑에는 무늬가 있어. 이걸 한 글자로 읽는 거야."

"우와, 알려주세요."

"일단, 세종대왕님께 고맙다고 인사부터 드리고 시작하자."

"세종대왕님, 고맙습니다."

트럼프카드 또는 플레잉 카드라고 불리는 카드는 주로 게임이나 마술에서 사용된다. 이제는 외우는데 쓰기도 하니 쓰임새가 하나 더 늘어난 셈이다. 일단 카드의 구성을 보면 A로 표시하는 1부터 10까지의 숫자, J, Q, K 이렇게 총 13개의 숫자와 ♠♦♣♥ 이렇게 4개의 무늬로 이루어져 있다. 한 무늬당 13장이니 총 52장이 된다. 이때 위쪽에 위치한 숫자 부분을 자음으로, 아래쪽에 있는 무늬를 모음으로 생각처리한다. A, 2, 3, 4, 5 순서대로 ㄱ, ㄴ, ㄷ, ㄹ, ㅁ으로 할 수도 있지만, 이렇게 개연성이 없으면 이 또한 외워야 하는 부담이 생긴다. 최대한 이유를 갖고 자음을 할당한다. 먼저 발음나는 대로 적용해 보면,

4는 사라고 읽으니까 ㅅ,
7은 칠이라고 읽으니까 ㅊ,
8은 팔이니까 ㅍ,
9는 구니까 ㄱ,
J는 제이니까 ㅈ,

K는 케이니까 ㅋ이 된다.

나머지는 모양이 비슷한 것을 할당한다.

Q는 ㅂ과 비슷하니까 ㅂ,

10은 이미 0을 갖고 있으니까 보이는 대로 ㅇ,

6은 전자시계의 숫자로 보면 하단에 ㅁ이 보인다.
그러므로 ㅁ,

5 역시 전자시계의 숫자로 보면
상단에 ㄷ이 보이므로 ㄷ,

3 역시 전자시계의 숫자로 보아
뒤집으면 ㅌ처럼 보이므로 ㅌ,

2 역시 전자시계의 숫자 하단의 ㄴ,

A는 남는 ㅎ을 할당한다.

이제 아래의 무늬로 모음을 만들어 보면,

♠는 아래로 뻗은 줄기로 ㅜ와 비슷하므로 ㅜ,
◆는 박스모양으로 ㅣ,
♣는 상단의 모양으로 ㅗ,
♥는 ㅏ와 비슷하므로 ㅏ로 읽는다.

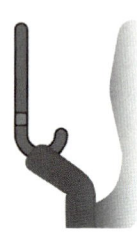

자, 이제 읽어보자.

8♥, 4♠, 9◆, 7♣.

잘 읽히는가? 파, 수, 기, 초가 되겠다.

그럼 이걸 읽어보자.

3◆, K♣, A♥, 6♠

조금 어려울 것이다. 티, 코, 하, 무라고 읽는다.

한번만 더 읽어보자.

2♣, J◆, 10♥, Q◆, 2♠.

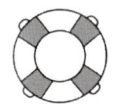

역시 아직은 쉽지 않을 것이다. 노, 지, 아, 비, 누라고 읽었으면 잘 읽은 것이다. 카드는 생각보다 쉬워서 몇 번만 읽으면 아주 쉽게 읽을 수 있게 된다.

연습문제

다음의 카드를 글자로 읽어보자.

K♥ 9♠ 8♦ Q♥ A♠ 2♥

10♣ 5♥ 10♦ Q♠ 6♣ 8♥

5♣ 3♦ A♣ 2♦ K♠ 4♥

A♥ 9♣ 8♠ Q♦ 7♣ 2♠

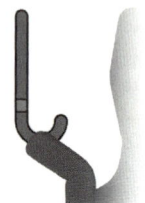

9♥ 8♣ J♦ 4♣ J♥ 10♠

3♣ 9♦ 5♠ 7♦ J♣ 6♦

7♥ 2♣ 4♦ 6♥ 7♠ K♦

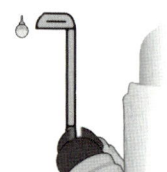

A♦ 3♠ 10♥ 6♠ 3♥ K♣

J♠ Q♣ 5♦ 4♠

카 구 피 바 후 나

오 다 이 부 모 파

도 티 호 니 쿠 사

하 고 푸 비 초 누

가 포 지 소 자 우

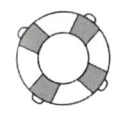

토 기 두 치 조 미

차 노 시 마 추 키

히 투 아 무 타 코

주 보 디 수

카드 암기왕, 별거 아냐!

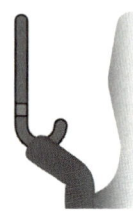

"토, 니, 스, 타, 쿠." 토그가 카드를 술술 소리 내어 읽었다.

"이제 잘 읽는구나."

"헤헤, 네, 어렵지 않네요."

"맞아."

"그런데, 이렇게 읽는 것만으로 기억할 수 있나요?"

"아니, 읽는 것만으로는 기억할 수 없지. 형체가 있는 게 아니잖아?"

"그러니까요, 그럼 이제 뭘 해야 하죠?"

"읽는 게 어느 정도 됐다면, 그 글자로 시작하는 단어를 만들면 돼."

"아, 사라고 읽으면 사자. 이런 식으로요?"
"그렇지. 역시 토그는 이해가 빠르구나."
"헤헤." 토그가 멋쩍게 웃었다.
"마는 뭐가 좋을까?"

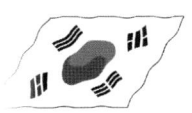

"마늘, 마이크, 마작, 마사지, 마귀할멈. 많네요?"
"그렇지? 하지만 좀 크기도 크고 움직임도 있는 말은 어떨까?"

"말요? 말은 마로 시작하는 단어가 아니지 않나요?"
"반드시 '마'자로 시작할 필요는 없어. '마'자 밑에 받침을 넣어도 돼. 만두처럼 말이지."
"아하. 그렇군요. 그러면 정말 만들 수 있는 단어의 수가 많아지겠네요?"

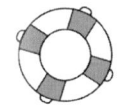

"맞아. 그럼 단어를 한번 만들어 볼까?"
"네."

카드의 첫 글자는 이미 나와 있으므로 그 첫 글자로 단어만 만들면 된다. 만들 단어는 당연히 눈에 보이고 손에 잡혀야 한다. 그리고 될 수 있으면 크기가 크고, 움직임이 역동적인 것을 선택한다. 그래야 기억에 유리하게 생각할 수 있

기 때문이다. 블록버스터급으로 만들려면 작고 움직임이 없는 것 보다는 크고 움직임이 역동적인 것이 좋다.

먼저 ♠(스페이드)다.

A♠는 훌라후프, 후폭풍 혹은, 흑인 정도면 된다. ㅜ는 발음상 ㅡ로도 쓴다. 그러므로 흑인도 가능한 것이다.

2♠는 눈, 누드모델, 뉴스 정도면 되겠다.

3♠는 투우나 투투, 투포환.

4♠는 수술, 수영복, 술.

5♠는 두더지, 두부, 둘리.

6♠는 물, 무지개, 무당.

7♠는 춤, 축구, 춘리.

8♠는 푸우, 풍선, 풀.

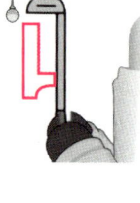

9♠는 구미호, 굿, 구두닦이.

10♠는 우유, 우쿨렐레, 우동.

J♠는 주전자, 주짓수, 죽도.

Q♠는 불, 부부젤라, 부항.

K♠는 쿵푸, 쿠키런, 꿀.

자, 그럼 한번 생각처리 된 형상으로 읽어보자.

10♠ 3♠ K♠ 5♠ Q♠ 7♠ 2♠ 6♠ 8♠ A♠ J♠ 9♠ 4♠

우유, 투포환, 쿠키런, 두더지, 불, 춤, 눈, 물, 풍선, 흑인, 주전자, 굿, 수술 등으로 잘 읽히는가?

다음은 ◆(다이아)다.

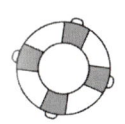

A◆는 힙합, 히터, 히딩크 정도면 되겠다.
2◆는 닌자, 니스, 내시. ㅣ역시 발음상 ㅐ도 가능하다.
3◆는 팀, 티비, 티셔츠.
4◆는 시소, 시계, 십자가.
5◆는 디카, 디즈니랜드, 대나무.
6◆는 미미, 미키마우스, 매트리스,
7◆는 침, 치킨, 치즈.
8◆는 피파컵, 피자, 피아노.
9◆는 기사, 기차, 기타.
10◆는 인어, 이발, 이빨.
 J◆는 징, 지니, 지진.

Q◆는 비, 비행기, 비데.

K◆는 킹콩, 키다리, 키스.

자, 그럼 다음을 형상으로 읽어보자.

9◆ 5◆ 7◆ Q◆ 6◆ 3◆ J◆ 10◆ 4◆ 8◆ 2◆ K◆ A◆

기사, 대나무, 침, 비, 미미, 팀, 징, 인어, 시소, 피파, 닌자, 킹콩, 힙합 등으로 잘 읽었는가?

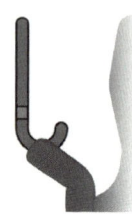

다음은 ♣(클로버)다.

A♣는 호랑이, 호프, 호박 정도로 한다.
2♣는 놈놈놈, 노인, 노트북.
3♣는 톱, 토마토, 토치.
4♣는 소, 솜, 소주병.
5♣는 돈, 도미노, 돈가스.
6♣는 못, 몬스터, 모자.
7♣는 초, 총, 초콜릿.
8♣는 포, 폭탄, 포도.
9♣는 곰, 고양이, 고구마.

10♣는 오토바이, 오이, 용. ㄴ 역시 발음상 ㅛ도 가능하다.

J♣는 종, 조커, 좀비.

Q♣는 봉, 보자기, 보드.

K♣는 코끼리, 콜라, 코브라.

자, 그럼 다음을 형상으로 읽어보자.

5♣ A♣ 3♣ 9♣ Q♣ 7♣ 10♣ 8♣ 4♣ K♣ 6♣ J♣ 2♣

돈, 호랑이, 톱, 곰, 봉, 총, 용, 폭탄, 소, 코끼리, 못, 종, 놈놈놈 등으로 잘 읽었는가?

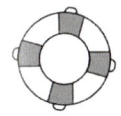

다음은 마지막 ♥(하트)다.

A♥는 함, 하마, 하프.

2♥는 나비, 나침반, 나초.

3♥는 탈, 탑, 탁구.

4♥는 사자, 삽, 사다리.

5♥는 닭, 담배, 다트.

6♥는 말, 마카롱, 마귀.

7♥는 창, 차, 참치.

8♥는 파 돌리기, 파리, 판다.

9♥는 갓, 가마, 가습기.

10♥는 알, 아기, 악어.

J♥는 자전거, 자판기, 자석.

Q♥는 밤, 바퀴, 밥.

K♥는 칼, 카드, 카지노 정도로 정하면 되겠다.

자, 다음을 형상으로 읽어보자.

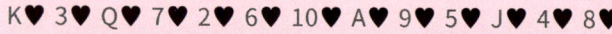

K♥ 3♥ Q♥ 7♥ 2♥ 6♥ 10♥ A♥ 9♥ 5♥ J♥ 4♥ 8♥

칼, 탈, 밤, 창, 나비, 말, 알, 함, 갓, 닭, 자전거, 삽, 파 등으로 잘 읽었는가?

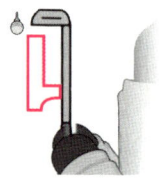

이제 52장 전체를 한번 읽어보자.

K♥ 6♣ 3♥ K♣ A♠ 7♥ 10♣ 5♠ J♥ Q♣ 8♥ 5♣ A♣
J♦ 9♣ 2♦ 7♣ 4♥ 8♣ 2♥ 4♣ K♦ 10♥ 3♦ 6♣ 9♦
7♦ 2♣ 9♥ Q♦ K♣ J♣ 4♦ J♠ 8♦ 3♣ Q♥ 10♦ A♥
3♠ 10♦ Q♣ 7♣ A♥ 2♦ 6♣ 5♥ 8♣ 6♥ 9♠ 5♦ 4♣

생각처리를 할 때 일부러 사람이름은 뺐다. 초보자들에겐 사람의 특징을 잡기가 까다로워 오히려 어렵기 때문이다. 초보자가 아니라 하더라도 사람보다는 사물이 기억에 용이하다는 것은 기억력 선수들 대부분이 인정할 것이다. 그리고 이 중 맘에 드는 것이 없다고 생각되면 얼마든지 다른 것으로 바꿔서 사용하기 바란다. 물론, 사람이름으로 바꿔도 된다.

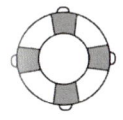

가장 중요한 것은 남이 만들어 준 것이 아닌, 자기 자신만의 것을 갖는 것이다. 나에게 맞는 방법을 찾는 것은 언제나 대환영이다. <u>남이 놓은 길을 가지 말고 자신에게 맞는 길을 가라</u>. 또, 남이 만들어 놓은 길이라 하더라도 자신에게 맞는 길이라면 고맙게 여기며 가면 되는 것이다.

QR코드를 통해 카드의 생각처리를 영상으로 보자.
(www.somssi.com/book/cards.html)

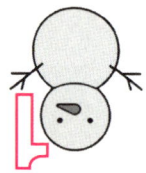

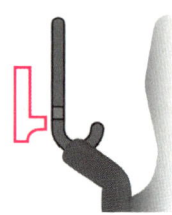

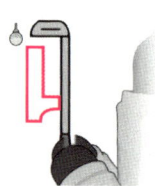

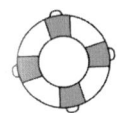

연습문제

자신이 정한 **카드의 생각처리** 단어를 써보자.

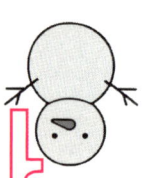
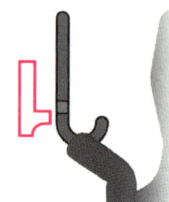
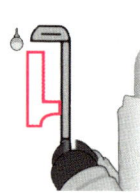

A♠		A♦	
2♠		2♦	
3♠		3♦	
4♠		4♦	
5♠		5♦	
6♠		6♦	
7♠		7♦	
8♠		8♦	
9♠		9♦	
10♠		10♦	
J♠		J♦	
Q♠		Q♦	
K♠		K♦	

A♣		A♥	
2♣		2♥	
3♣		3♥	
4♣		4♥	
5♣		5♥	
6♣		6♥	
7♣		7♥	
8♣		8♥	
9♣		9♥	
10♣		10♥	
J♣		J♥	
Q♣		Q♥	
K♣		K♥	

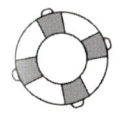

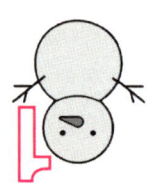

오늘 기억해야 내일 기억난다

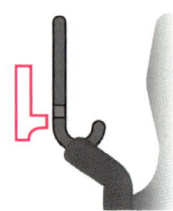
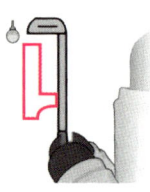

06
써먹어라

외울 거 많잖아?

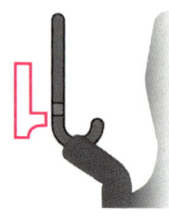

"토그."

"네."

"생각처리한 숫자와 카드는 많이 익숙해졌니?"

"계속 익혀나가고 있어요."

"그렇구나, 숫자는 한번 익혀 놓으면 평생의 자산으로 쏠쏠하게 활용할 수 있을거야."

"저도 그렇게 생각하고 있어요."

"그리고 카드는 굳이 기억력대회에 나가지 않는다 하더라도 취미로 외워보면 재미있을 거야."

"네, 하지만 저는 기억력대회에도 나갈 거예요."

"하하, 그래, 의지가 확고하네. 꼭 기억력대회에서 만나자

꾸나.”

"네, 아직 실력은 안되지만 기억력대회에서 마스터님과 함께 기억력을 겨룰 생각을 하니 벌써부터 막 흥분되는데요?"

"하하, 그렇지. 그게 기억력대회의 묘미야. 남녀노소를 막론하고 다같이 한자리에 모여 실력을 겨루거든."

"네, 빨리 대회날이 다가왔으면 좋겠어요."

"그래, 그래."

"그건 그렇고, 토그."

"네."

"여기 기억하고 싶은 정보가 있어."

"네."

"그런데 숫자나 카드같은 정보가 아니야."

"네."

"그럼 어떻게 기억해야 할까?"

"가장 먼저 눈에 보이고 손에 잡히도록 생각처리를 해야 해요. 그래야 머리에 쏙쏙 잘 들어가거든요."

"아주 정확한데?"

"헤헤, 그렇죠?"

"그 다음엔?"

"만약 순서가 있는 정보라면 생각루트를 사용하죠. 생각자리에 순서대로 연결해야 하거든요."

"그렇지."

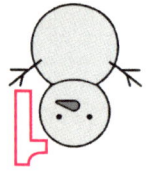

"그 다음엔 생각단서를 꼼꼼하게 될 수 있으면 많이 블록버스터급으로 달아놓아요."

"맞았어, 자, 그럼 한번 해보자."

"좋아요."

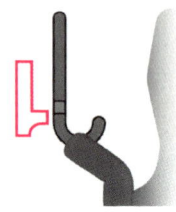

기억해야 할 정보가 기억력스포츠 종목이 아닐 경우엔 어떻게 기억해야 할까? 숫자나 카드, 이진수 따위가 아니라면 말이다. 어떤 정보를 기억하느냐에 따라 기억하는 방법 역시 달라져야 한다. 하지만, 그 정보가 추상적일 때는 눈에 보이고 손에 잡히는 형체로 만드는 것, 즉 생각처리를 해줘야 한다는 기억의 원리는 같다.

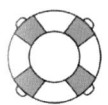

쉬운 거부터!

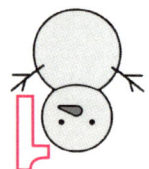

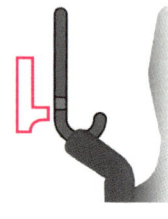

"토그, 문제를 낼게. 한번 맞춰봐."

"네." 토그가 귀를 쫑긋했다.

"소득분배의 불평등 정도를 나타내는 통계학적 수치를 뭐라고 할까?"

"우와, 어려운 문제였네요."

"하하, 그런가? 그럼, 이번 기회에 한번 기억해볼까?"

"좋아요. 근데 답이 뭐예요?"

"응. '지니 계수'야."

"아. 들어본 거 같긴 해요."

"그렇지? 자, 그럼 소득분배의 불평등 정도를 나타내는 수치를 지니 계수라고 한다는 것은 어떻게 기억해야 할까?"

"음, 기억을 쉽게 하려면 눈에 보이고 손에 잡히는 형체로 바꿔서 생각해야 하니까."

"하니까?"

"램프의 요정 **지니**가 펑 하고 나타나요."

"나타나선 뭘 할까?"

"아, 지니가 한쪽에만 계속 보물을 갖다 줘서 결국 불평등해져요."

"와. 생각단서가 아주 훌륭한데? 지니가 잘못했네, 하하."

"헤헤." 토그가 쑥스럽다는 듯 웃었다.

"그럼, 하나 더 해볼까?"

"네, 좋아요." 의기양양하게 대답했다.

"물건의 가격이 비쌀수록 오히려 수요가 늘어나는 현상을 뭐라고 할까?"

"아, 이거 뉴스에서 봤는데. 명품가격이 더 비싸졌는데 오히려 더 많이 팔리는 현상이잖아요?"

"그렇지. 남에게 잘 보이고 싶은 과시욕 때문이고, 일부 상류층에서 잘 나타나지."

"맞아요, 근데 답은 모르겠어요."

"베블렌 효과."

"아, 이것도 들어본 거 같아요."

"이것도 이번 기회에 기억해 봐."

"좋아요, 음, 이건 그냥 물건의 가격을 올려놨더니 일부 상류층이 다 사가더라. 결국 상류층의 **배**만 **불린** 효과가 났다. 어때요?"

"우와, 아주 잘하는데? 비슷한 발음으로 내용과 잘 연결이 됐어. 이제 기억에 도가 터가는데? 하하."

"헤헤, 재미있네요."

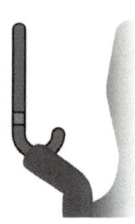

다음의 정보들을 기억하고 싶다. 어떻게 기억해야 할까? 생각단서를 어떻게 달아두는지 잘 보기 바란다. 아래는 이런저런 시험에 출제되었던 문제들로 구성하였다.

밴드왜건 효과 : 어떤 선택을 할 때 분위기에 편승해 다수가 택한 결정을 따라 가게 되는 현상.

선거철이나 쇼핑할 때 흔히 볼 수 있는 효과로서 음악을 연주하는 악단 즉, **밴드**가 마차 즉, **왜건**을 타고 연주하며 사람들을 이끌고 있는 모습으로 이해를 하면 어렵지 않게 기억되는 정보중 하나이다.

커다란 반창고 즉, **밴드**로 많은 사람들을 **왜건**에 둘둘 말아 붙이는 모습을 생각해도 되겠다. 어떤 전문용어를 기억하고자 한다면 이렇게 전문용어를 눈에 보이고 손에 잡히는 형상으로 바꾸어본다.

해리성 장애 : 정상적으로 통합되어 있던 의식, 기억, 정체, 지각기능 등이 단절되어 붕괴된 상태.

해리포터가 살고 있는 **성**이 붕괴되는 생각, 또는 해리포터가 머리를 감싸고 괴로워하다 키가 안 크는 등 **성장**하는데 **장애**가 왔다고 생각한다.

도플러효과 : 어떤 음원과 관찰자의 상대 속도에 따라 진동수와 파장이 바뀌는 현상. 예를 들면, 자동차가 멀리서 다가옴에 따라 소리의 파장이 점점 짧아져 소리가 높아졌다가 관찰자를 지나치며 다시 멀어지면 파장이 길어져 소리가 점차 낮아지는 현상을 말한다.

눈에 선하도록 영상을 만들어 보겠다. 자동차가 굉음을 내며 다가오고 있다. 그 속도에 바람이 일어 돈이 다 날아갈 거 같다. 그래서 책상에 **돈**을 스테이**플러**로 마구 찍는다. 자동차가 지나간 후엔 돈은 날아가지 않았으나 박힌 걸 빼기 곤란해한다.

테라토마 : 비정상적으로 분화된 세포로 구성된 종양으로 종양학에서는 기형종이라고 한다. 줄기세포의 진위여부를 검증할 때 테라토마 실험을 한다.

새로 산 2**테라** 하드에 **토마**토를 먹다 흘렸다. 그 결과 하드에서 기형적인 줄기가 솟아오르는 모습을 생각한다.

발트 3국 : 구 소련 붕괴 이후 독립한 발트해 남동쪽의 세나라 에스토니아, 라트비아, 리투아니아를 말한다.

자꾸 **발**이 **트**니까 연고를 **에스**자를 그리며 바르고, **나트**륨도 바른 뒤 **리트**머스용지를 대본다.

세 국가의 앞 글자로 국가의 이름을 유추해 본다. 에스토니아, 라트비아, 리투아니아.

바터무역 : 화폐의 사용 없이 교역하는 물물교환 방식의 무역

물과 **물**, 생수병 2개를 **바통** 건네듯 건넨다. 바통이 바터를 기억해 내는 생각단서가 되는 것이다.

물을 책상 위에서 미끄러지게 교환하는데 이때 잘 미끄러지도록 **버터**를 바른다고 생각해도 되겠다.

열대성 저기압의 종류 :

북태평양 해상에서 발생하면 태풍,

대서양이나 동태평양에서 발생하면 허리케인,

인도양에서 발생하면 사이클론.

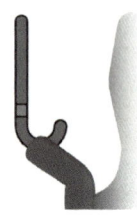

간단하게 정리하면 북태평양은 태풍, 대서양은 허리케인, 인도양은 사이클론이 된다. 태풍은 우리나라로 오는 것이므로 사실상 기억하기는 쉽다. **대부분의 서양**사람들은 **허리**가 잘록하다. 물론 아니지만 기억을 위해 그냥 그렇다고 쳐두자. **인도**로 걸어오던 **싸이**가 춤을 춘다고 생각한다.

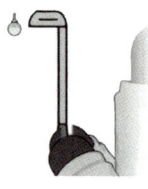

다양한 종류별 명칭을 기억할 때는 이렇게 간단하게 정리한 뒤, 앞의 설명에 뒤의 명칭의 생각단서를 달아주거나, 앞뒤를 이야기 등으로 연결해준다.

하지만 단순히 기억만을 위해 생각단서를 단 것일 뿐 그 단서 안에 실제 정보인 '열대성 저기압'에 대한 내용은 없다. 어쩔 수 없는 경우도 있으나, 썩 좋은 방법은 아니라는 것 정도는 알고 가자.

주기론 : 율곡 이이, 기호학파, 실천적 윤리를 더 중요시
주리론 : 퇴계 이황, 영남학파, 이념적 윤리를 더 중요시

주기론은 발음을 **죽이론**으로 하고 죽과 관련된 이야기로 연결한다. 죽에는 **율**무를 **기호**에 맞게 넣고, 직접 떠먹는 **실천**이 중요하다. 주리론은 **주리**를 트는 이야기로 연결한다. 주리를 틀 때는 **퇴**~ 침을 뱉고, 조**영남** 씨를 시켜 **이념**~하고 욕까지 하는 게 중요하다.

이 경우도 외우는 데에 문제는 없으나 내용적인 면이 빠져있어 썩 좋은 방법은 아니다. 하지만 빠르게 생각처리하고 반복 복습해야 하는 상황에서는 속도감 있게 생각단서를 다는 것 역시 중요하다 할 수 있다.

고려속요의 후렴구 : 가시리 (위 증즐가 태평성대), 사모곡 (위 덩더둥성), 청산별곡 (얄리얄리 얄라셩 얄라리 얄라), 정읍사 (어긔야 어 강됴리 아흐 다롱디리)

후렴구 자체는 대부분 기억할 것이다. 그러므로 속요와 후렴구의 연결을 위해 손에 잡히는 이야기를 만들어 보겠다. **가시**로 **위증**한 사람을 찔렀다. **사모**님은 **덩실덩실** 춤을 췄다. **청산**에 올라간 가수 **얄리**가 노래를 불렀다. 아이고, 더 올라갈 힘이 없다. **정읍사**가 도대체 **어디야**?

세계 4대 문명 : 이집트 문명 (나일 강), 메소포타미아 문명 (티그리스, 유프라테스 강), 인더스 문명 (인더스 강), 황하 문명 (황하)

이렇게 나열된 정보를 기억할 때는 앞 글자만 따서 만드는 방법이 있다. 가령, 세계 4대 문명의 개척자은 우리나라의 퇴계 이황이 메인이었다. 여기서 **이,황,메,인**이 바로 각 문명의 앞 글자다.

하지만 언제나 앞 글자만으로 만들 수 있는 것은 아니다. 앞 글자를 순서대로 기억해야 해서 뒤섞을 수 없거나, 말이

안 만들어지는 경우이다. 이런 경우는 역시 눈에 보이고 손이 잡히듯이 이야기를 만든다. **황야**를 뛰어다니다가 **인도**를 걷기 시작한 것은 **매일 소포**박스를 쌓아 피라미드(**이집트**)를 만든 이후부터였다. 이런 식으로 말이다.

> 무조건 반사의 종류는 척수 반사, 연수 반사, 중뇌 반사가 있고
> 척수 반사는 무릎 반사, 회피 반사, 배변/배뇨 반사
> 연수 반사는 재채기, 하품, 침 분비
> 중뇌 반사는 동공 반사, 안구 운동

무조건 무조건이야~ 노래방에서 무조건을 잘 불렀더니 공짜로 **척추**검사를 해준 후 **연수**원에 보내줬고 거기서 **중**(스님)을 만났다.

이렇게 생각처리를 한 후 반복하면 **무조건 –척수 –연수 – 중뇌**가 이어져 기억나게 된다.

척추검사 할 때는 **무릎**에 **회**를 올려놓고 **소변**을 보라고 했다.

연수원에선 지루한 사람들이 **하품**을 하는데 옆 사람이 **재**

채기를 해 **침**이 튀었다.

만났던 **중**(스님)은 **동공**이 심하게 흔들렸고, 여기저기 **눈치**(안구운동)를 봤다.

외우고자 하는 정보가 있다면 일단 내용을 정리한 후 생각처리를 하고 생각단서를 달아 이를 몇 번 반복해서 기억한다. 무턱대고 외우는 것보다 훨씬 덜 고통스럽고, 생각보다 짧은 시간 안에 기억할 수 있을 것이다.

어려운 것도 척척!

"토그."

"네."

"토그는 사람들 얼굴과 이름을 잘 기억하니?"

"아뇨, 잘 기억 못 해요."

"괜찮아, 사람 이름 기억하는 걸 어려워하는 사람은 의외로 많아."

"그렇군요."

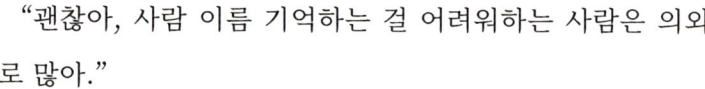

"그럼, 왜 사람 이름은 기억하기가 어려운 걸까?"

"음, 추상명사처럼 아무 의미가 없어서 아닐까요?"

"그렇지. 대부분 이름만 들었을 땐 그 뜻을 유추하기가 쉽지 않기 때문이지."

"맞아요."

"사랑이나 가을처럼 아는 단어의 이름도 있지만 대다수는 그렇지 않지."

"그러게요, 이름을 지을 때 예쁜 단어로 지으면 서로 좋을 텐데."

"하하, 예쁜 단어뿐 아니라 이상한 단어가 연상되는 이름은 되도록 짓지 않아. 자라면서 놀림을 받을 수 있거든."

"근데 어떻게 지어도 놀림은 피할 수 없는 거 같아요."

"하하, 토그도 많이 놀림 당했나 보구나?"

"네, 카톡 카톡이라고요."

"하하, 그랬구나, 그래서 대부분의 이름은 처음 보는 단어처럼 생소해."

"맞아요."

"하지만, 어떤 이름이 이미 알고 있는 이름이라면 어떨까?"

"그럼 아주 땡큐죠~."

"그렇지, 유명인이나 지인들의 이름과 똑같거나 비슷하면 기억하는데 훨씬 수월해질 거야."

"맞아요, 연예인 이름과 똑같으면 기억이 잘돼요. 굳이 기억하려고 하지 않아도 기억이 나요."

"그렇지."

"그럼 그렇지 않은 경우에 이름은 어떻게 외우면 되나요?"

"이름을 기억하는 방법 역시 기억의 원리인 눈에 보이고 손에 잡히는 형태로 생각해야 기억이 잘 난다는 건 이제 두말하면 잔소리지?"

"그럼요, 이제 귀에 못이 박혔다구요."

"하하, 반복으로 기억시킨 경우구나."

"그렇네요, 헤헤."

먼저 이름이 형체를 갖도록 바꾼 후 그 사람 얼굴의 특징과 연결시킨다. 머리가 크다거나, 머리숱이 없다거나, 눈썹이 진하다거나 하는 특징을 찾는다. 눈이 큰지 작은지, 코가 큰지 작은지, 입이 큰지 작은지, 얼굴에 점은 있는지, 있으면 어디에 있는지, 얼굴형은 어떤지 자세히 살펴본다. 그리고 얼굴을 봤을 때 이름이 생각나야 하므로 반드시 얼굴에 생각단서를 연결해야 한다.

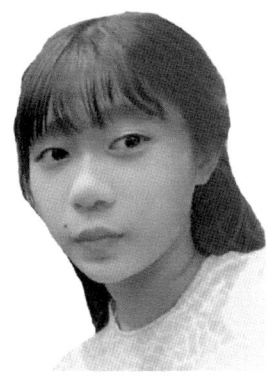

김배숙   이여진

  김배숙. **김**밥만 먹었더니 **배**가 **쑥** 들어갔다고 이름으로 3행시를 지어 기억하는 방법이 있다. 그리고 그 이름으로 사진의 얼굴에 생각단서를 남긴다.
  입 주위에 난 점이 김 가루가 묻어있는 것처럼 보이니 김을 떠올리고, 배가 들어간 것을 볼이 약간 들어간 모습과 닮았다고 생각단서를 단다.

  이여진. 이름이 아는 단어이거나 말이 되는 경우이다. 이런 경우엔 그 단어로 말을 만든다. **이**(2번)의 **여진**이 남아있다고 말이다. 땅이 갈라져 얼굴이 목도리 밑으로 사라지는 모습을 생각하거나, 여진으로 얼굴에 금이 가는 걸 생각한다. 사진에는 여진에 대비하기 위해 목도리를 둘렀다고 생

각단서를 남겨둔다.

또는, **여진**족의 후예라고 생각한다. 여진족의 상징이 목도리라고 생각하거나 목도리에서 **이**씨 성을 유추한다.

권 길 수   서 정 준

권길수. 이름이 알고 있는 누군가의 이름일 경우이다. 길수라는 지인이 있고 성만 다른 경우라면 **권**투 하는 **길수**라고 생각한다. 혹은 **권**투는 얼굴이 **길수**록 불리할텐데 이 사람은 얼굴이 길어 권투를 못하겠군이라고 생각한다.

얼굴에 주름이 많은 것은 권투 글러브에 많이 맞아서 그런 거라고 생각단서를 단다.

서정준. 유명인의 이름이 생각나니 **서**있는 **정준**하, 혹은

서정적인 **정준**하라고 생각한다. 얼굴의 코가 커 보이니 **서**장훈이 코를 **정조준**하고 있다고 생각해도 되겠다.

코에 과녁이나 레이저 불빛이 비춰지고 있는 모습으로 생각단서를 단다.

기억력스포츠의 얼굴과 이름 종목에서는 시간을 다투다 보니 그 사람의 헤어스타일이나 귀걸이 같은 액세서리나 옷까지도 특징에 포함해 기억하기도 한다.

하지만 얼굴이 아닌 것에 생각단서를 달아 놓으면 그 사람의 헤어스타일이 바뀐다거나, 액세서리가 바뀐다거나, 옷이 바뀌었을 경우엔 기억하지 못할 수도 있다. 따라서 실생활 속에서 이름을 잘 기억하고 싶다면 그 사람의 얼굴에 생각단서를 달아 놓는 훈련이 필요하다.

역사연도를 기억해야 할 때는 00부터 99까지의 숫자를 글자로 읽는다. 만일 평생의 자산으로 숫자를 단어로 바꾸어 놓았다면 숫자가 나오는 역사연도의 기억은 무척 쉬워질 것이다.

1281 일연, 삼국유사 편찬

12(**이리**) 한 마리가 81(**파일**)을 물고 있다. 이걸 본 **유상**무가 삼국유사 파일임을 직감하고 뺏으려 하는 장면을 생각한다. 삼국유사가 편찬된 해는? 삼국유사 하면 먼저 **유상**무를 생각한다. 유상무는 **파일**을 뺏으려고 했는데 그 이유는 **이리**가 삼국유사 파일을 물고 있었기 때문이었다. 두 인과관계의 생각단서가 서로를 기억나게 해 줄 것이다.

1405 창덕궁 완공

14(**식사**)를 마친 05(**공효진**)이 힘이 나서 **창**던지기로 창덕

궁의 완공 테이프를 자른다고 생각한다. 이렇게 연도 숫자의 이야기와 내용을 자연스럽게 연결한다.

1545 을사사화

　15(**십오야**) 밝은 둥근 달에서 45(**사오정**)이 나방을 뿜어내는 바람에 **을씨**년스러워진 분위기를 바꾸려 **사회**복지사가 애쓰는 모습을 생각한다.

　그냥 **을씨**년스러워져 **사**림이 **화**를 입었다고 바로 생각해도 되겠다.

1636 병자호란

　16(**일류요리사**)가 36(**36계**) 줄행랑을 쳤다. 자기가 만든 요리를 먹고 **병자**가 생겼기 때문에라고 생각한다.

1724 영조 즉위

17(**일치**)하는 커플티를 입고 시시덕거리며 **왕**의 24(**이삿짐**)을 나르는 커플을 보고 영 못마땅해 혀를 차고 있는 **영조**. '내 **즉위**식 날에 말이야'라고 생각한다.

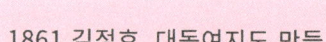

1861 김정호, 대동여지도 만듦.

김정호가 노래방에서 자신의 18(**18번**) 노래를 부르자, 61(**유일신**)이 나타나 "잘 부르는구나. 내가 상을 내리겠노라. 이 **지도**에 X 표시한 곳을 두루두루 찾아가 보거라. 보물상자가 묻혀 있을지도 모르는 일."

앞에서 봤던 이름이 기억나는지 한번 맞춰보자.

_____ _____ _____ _____

연습문제

다음의 상식들을 기억해보자.

과두정치 : 정치, 군사적 영향력을 가진 소수의 사람들이 권력을 집중시키는 정부형태

아그레망 : 타국의 외교사절에게 정부가 부임을 승인하는 것

인정사망제도 : 화재, 수재 등의 사망확률이 높은 사고가 발생했을 시 확증은 없지만 사망한 것이 확실시되는 경우 주무 관공서의 보고에 따라 사망한 것으로 처리하는 제도

기본 6법 : 헌법, 민법, 형법, 상법, 민사소송법, 형사소송법

존 스쿨 : 초범인 성매매 남성들의 구제를 위한 재범방지 프로그램

그린 댐 : 중국 정부가 청소년보호를 위해 음란물 차단이나 인터넷 검열 등을 하는 필터링 프로그램

열섬현상 : 한 지역의 온도가 주변의 다른 지역의 온도보다 특별히 높은 현상

피그말리온 효과 : 남들로부터 긍정적 기대와 관심을 받으면 기대한 대로 실현되는 결과가 나타나는 현상

반앨런대 : 지구를 둘러싼 도넛 모양의 방사능대

연습문제

1498 무오사화

1871 신미양요

1907 신민회 (국권회복을 위한 비밀 결사회)

세계 3대법전

함무라비법전, 로마법대전, 프랑스민법전

패관문학

이제현-역옹패설, 박인량-수이전, 이인로-파한집, 이규보-백운소설

다음의 한국인 이름을 기억한 후 다음 쪽에서 답을 적어보자.

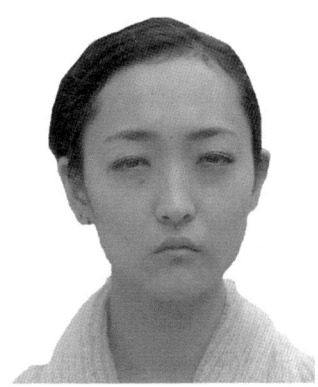 

박 민 자   독 고 철 진

 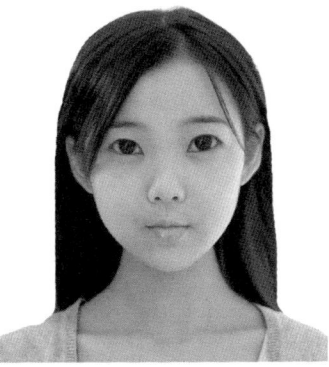

박 상 두   강 서 은

연습문제

앞쪽에서 외운 이름을 적어보자.

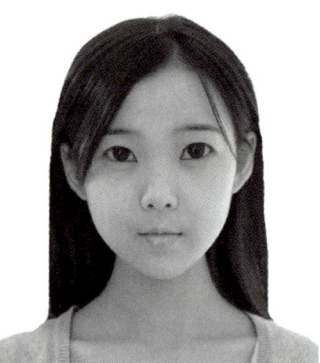

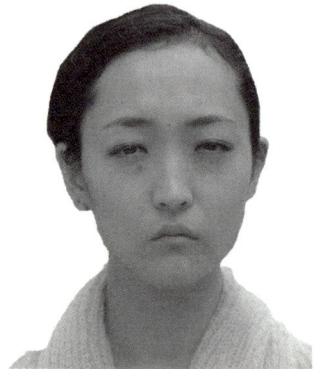

다음의 외국인 이름을 기억한 후 다음 쪽에서 답을 적어보자.

 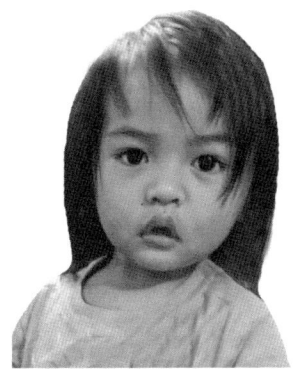

데이빗 테서트   앨리사 요루다

테일러 노라   퀄톤 에반도르

연습문제

앞쪽에서 외운 이름을 적어보자.

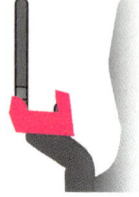

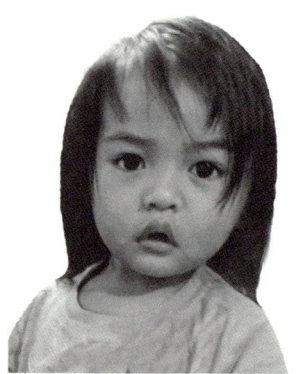

최고 난이도 문장까지!

"토그."

"네."

"기억하기 가장 어려운 게 뭘까?"

"글쎄요, 지금 같아선 다 기억할 수 있을 거 같은데요?"

"하하, 자신감이 넘치는구나. 좋아."

"헤헤."

"시는 외울 수 있을까?"

"아~ 시는 조금 다른 영역 같은데요?"

"맞아, 문장이나 연설문, 시, 대사를 기억하는 것은 기억법에서도 최고 난이도에 속해."

"아, 그렇겠네요."

"응, 특히, 토씨 하나 틀리지 않게 쓰거나 말해야 한다면 여간 어려운 일이 아니야."
"와, 정말 난감한데요?"
"그렇지?"
"네, 어떻게 시작해야 할지 감이 안 와요."
"맞아."

그렇다면, 다음의 문장을 한번 기억해보자.

> 아마도 모든 교육을 통해 얻을 수 있는 가장 귀중한 결과는, 할 일이 있을 때 좋든 싫든 스스로 그것을 하게 하는 능력이다. 그것이 맨 처음 배워야 할 교훈이다. 그것은 또한 얼마나 일찍부터 교육받았는지와 관계없이 교육받은 자가 완전히 이해하게 되는 마지막 교훈일 것이다.
> - 토마스 헉슬리 -

기억하고 싶은 문장을 읽었을 때 이해가 된다면 그나마 반은 성공이다. 이해가 전제되면 기억하기가 훨씬 수월하기

때문이다. 문장을 기억하는 방법의 기본은 문장을 분석하는 것이다. 주어와 술어, 목적어를 구분하고, 안긴문장인지 안은문장인지 구별하고, 형용사나 조사, 접속사를 분해해서 기억하는 방법이다. 물론 이 경우도 문장에 대한 이해는 기본적으로 선행되어야 한다. 그렇다 하더라도 문장을 외우는 건 쉬운 일이 아니다.

 여기서는 필자가 개인적으로 사용하는 방법을 소개하려 한다. 가장 기본적인 원리는 이렇다. 아무리 문장이라 하더라도 쉽게 술술 외워지는 부분이 있는가 하면, 앞 문장과 뒤 문장의 연결처럼 어려운 부분도 있다. 그래서 문장을 적당한 길이로 자른다. 그리고, 몇 번을 읽어 최대한 이해하려고 노력한다.

 위 문장의 경우는, 우선 아래와 같이 다섯 부분으로 나눌 수 있다.

 '아마도 모든 교육을 통해 얻을 수 있는 가장 귀중한 결과는,'

 '할 일이 있을 때 좋든 싫든 스스로 그것을 하게 하는 능력이다.'

 '그것이 맨 처음 배워야 할 교훈이다.'

'그것은 또한 얼마나 일찍부터 교육받았는지와 관계없이'

'교육받은 자가 완전히 이해하게 되는 마지막 교훈일 것이다.'

문장을 읽고 어느 정도 이해가 되었으면 키워드를 뽑아낸다. 이때 각 문단의 첫 단어는 될 수 있으면 추가한다. 대부분 시작 부분이 잘 기억나지 않기 때문이다.

아마도 모든 / 귀중한 결과
할 일이 / 스스로 / 능력
그것이 / 처음 / 교훈
그것은 또한 / 일찍부터 / 관계
교육받은 자가 / 완전히 / 마지막

문장의 이해 정도와 훈련의 숙달 정도에 따라 키워드가 이보다 더 많을 수도, 더 적을 수도 있다. 이 키워드를 순서대로 기억한 후 몇 번 반복하면 문장 전체를 어렵지 않게 기억할 수 있다. 먼저 키워드를 보고 문장을 기억해 본다. 무리 없이 잘 기억된다면 이제 저 키워드를 보지 않고 기억해야 한다. 이렇게 하는 이유는 문장보다는 키워드를 기억하

는 것이 훨씬 쉽기 때문이다. 순서대로 기억하는 것은 이미 앞에서 해본 것처럼 이야기를 만든다든지 생각자리를 이용한다든지 하면 된다.

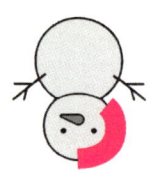

각자의 키워드 개수가 다 다르겠지만 대부분 10개 안팎이 될 것이다. 생각자리를 사용한다면 머리부터 발끝까지 10개의 생각자리를 사용하거나, 숫자 0, 1, 2까지의 생각자리를 사용하거나, 자기 자신이 만든 실제 장소의 생각자리를 사용하면 된다. 팁이 있다면 문장을 발표할 장소에 눈에 보이는 대로 10여 개의 생각자리를 미리 만들어 사용하면 직접 보면서 기억해낼 수 있어 편하다. 지금은 머리부터 발끝까지의 생각자리를 사용해보겠다.

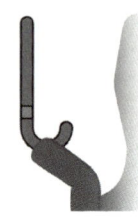

머리를 **안마**해준다. **모든** 사람들이. 아~ 시원해. 눈을 떠보니 내 **귀중**품을 훔쳐간다. **결계**인가? 몸을 움직일 수가 없다.

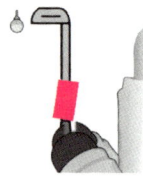

내 입에 로버트 **할리**가 뽀뽀한다. 귀만이 **스스로** 움직일 수 있는 **능력**이 생겼다.

목에 **그것이** 알고 싶다며 **처음**처럼을 부었다. 가슴에 학교 **교훈**이라며 글씨를 쓴다.

배에 **그것**은 알기 싫다며 **또 한**번 부었다. 엉덩이를 **일진**

부터 만지니 **관객**도 만졌다.

무릎을 꿇고 **교육받은 자가** 되겠다고 했다. 발에 **안전**모를 쓴 **마징가**Z가 매달려 있다.

이게 별거 아닌 것처럼 느껴질 수도 있다. 하지만 이렇게 키워드를 생각해가며 문장을 기억하다 보면 점점 키워드는 약해지고, 문장은 더 선명해지는 경험을 하게 될 것이다. 문장 기억을 돕던 키워드는 결국 사라지고, 온전한 문장만 기억으로 남게 된다는 것이다.

지금까지 전문용어부터 문장까지 기억해야 할 정보의 종류에 따른 다양한 기억법을 알아봤다. 이는 기억해야 할 정보들을 오래 기억하기 위해 생각단서를 다는 방법을 설명한 것에 불과하다. 중요한 건 이렇게 한다고 단번에 모든 게 기억나는 게 아니라는 것이다. 오래 기억하기 위한 필수요소는 반복이라 했다. 그러므로 기억하고 싶은 정보를 생각처리하고 생각단서를 달아 간략하게 정리한 후, 최소한 2, 3번 이상은 반복해야 오랫동안 기억할 수 있다. 한두 번만 봐서 기억나는 정보도 있겠지만, 잊지 말아야 할 건 기억은 반복으로 더욱 단단해진다는 것이다.

연습문제

다음의 문장을 기억해보자.

그대가 자긍심을 지키고자 한다면 그릇되다고 알고 있는 일을 함으로써 일시적으로 사람들을 기분좋게 하는것보다, 옳다고 알고 있는 일을 함으로써 사람들을 불편하게 하는 것이 낫다.

- 윌리엄 존 헨리 보에커 -

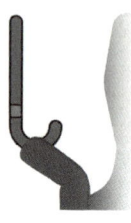

사람들은 종종 '제 눈에 안경'이라 말한다. 아름다움에 대해 가장 후련하게 느낄 수 있는 것은 보는 사람이 바로 자신이란 점을 깨달을 때이다. 그렇게 할 때 남들은 감히 들어다 볼 생각조차 못했던 우리의 내면과 같은 곳에서 아름다움을 찾을 수 있다.

- 셀마 헤이엑 -

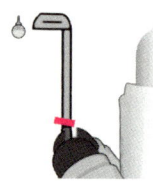

할 수 없을 것 같은 일을 하라. 실패하라. 그리고 다시 도전하라. 이번에는 더 잘 해보라. 넘어져 본 적이 없는 사람은 단지 위험을 감수해 본 적이 없는 사람일 뿐이다. 이제 여러분 차례이다. 이 순간을 자신의 것으로 만들라.

- 오프라 윈프리 -

인생을 돈벌이에만 집중하는 것은 야망의 빈곤을 보여주는 것이다. 네 스스로에게 너무 적은 것을 요구하는 것이다. 야망을 가지고 더 큰 뜻을 이루고자 할 때에야 비로소 진정한 자신의 잠재력을 실현할 수 있기 때문이다.

- 버락 오바마 -

기억왕, 암기는 덤!

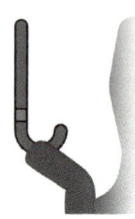

"토그."

"네?"

"암기가 뭔지 아니?"

"뭔가를 외우는 거 아닌가요?"

"그렇지. 그럼 기억과 암기는 어떤 차이가 있을까?"

"보통 기억은 방법이 있고, 암기는 무턱대고 외우지 않나요?"

"오, 비슷하게 잘 맞췄어."

"헤헤." 토그가 칭찬에 머리를 긁적이며 웃는다.

"암기라고 할 때 암자는 한자로 暗 즉, 어두울 암자야."

"그렇군요, 눈을 감고 무턱대고 외워서 그런가요?"

"정확하네, 하하, 외울 정보의 이해 없이 그냥 무작정 반복으로 외우는 거지."

"아주 무식한 방법이네요?"

"그렇긴 하지, 하지만 그 무식한 방법을 우리 모두는 사용해 왔고 아직도 사용하고 있단다."

"그런가요? 그게 뭐죠?"

"대표적인 게 바로 구구단이지. 토그도 이미 외웠겠지? 5X9?"

"45." 토그가 바로 대답했다.

"하하, 거봐. 빨주노초?"

"파남보." 또 말이 끝나기 무섭게 토그가 대답했다.

"이렇게 우리에겐 이미 암기로 외운 것이 생각보다 꽤 많이 있어."

"그렇네요, 그렇다면 암기는 좋지 않은 방법인가요?"

"수없는 반복을 통해 기억하는 거라서 정보의 이해가 빠졌다는 면에선 그렇지."

"그렇군요."

"근데, 정보를 이해했다고 기억하는 게 쉬운 건 또 아니잖아?"

"맞아요, 이해는 했지만 외워야 하는 건 또 다른 문제 같

아요."

"그래, 맞아"

"그럼 암기는 하지 말까요?"

"아니, 암기도 기억을 위한 하나의 방법일 뿐이야. 유용하게 사용하면 나쁘지 않아."

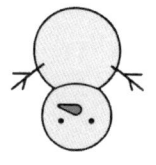

"그래요? 어떻게 사용하면 되는데요?"

기억력 선수들은 암기라는 말을 싫어한다. 그저 기억의 반대개념 정도로 이해한다. 반복 외엔 그 어떤 시도도 없기 때문이다. 암기엔 정보에 대한 이해가 없고, 생각처리 과정도 없다. 시간은 오래 걸리고, 관찰력, 상상력, 창의력 등 그 어떤 훈련도 되지 않는다. 그래서 지양해야 할 방법으로 치부되어 온 지 오래다.

정신발달 측면에서 볼 때 유아기나 아동기 때에 발달하는 것이 바로 암기다. 아이들이 한번 본 것이나 한번 가르쳐준 것을 그 다음 날 기억해내는 건 그리 어려운 일이 아니라는 말이다. 파란색이 영어로 블루라고 맞춰도 그건 암기력이 좋은 거지 내 아이가 영재라서 그런 게 아닐 수 있다. 하지만 청년기에 접어들면서부터 암기보다는 논리적으로 기억하려는 의지가 우세해진다. 즉, 2482라는 전화번호를 보고 무작정 외우기보다는 이사를 빨리해주겠다는 의지를 담은 전화번호일 것이라고 생각한다는 것이다. 이는 자신의 지식과 경험을 가지고 논리적으로 기억하려는 것이다.

하지만, 앞서 얘기한 구구단처럼 우리는 학창시절에 암기했던 게 의외로 많다. 태정태세문단세예성연중인명선.. 한국인이라면 누구나 외우고 있을 것이다. 또, 이 시절에 외운 것은 평생 잊혀지지도 않는다. 필자에겐 암기를 통해 입으로는 술술 외우지만, 오래되어 그게 뭔지도 모르는 게 있었는데, 최근에야 검색으로 그것이 '이온화 경향'이라는 것을 알았다. 한번 암기한 것은 이렇게 오랫동안 잊혀지지 않는 장기기억이 되는 특징이 있다.

또, 우리 주변에는 반복적으로 계속 듣게 되어 결과적으로 암기가 된 것들이 수없이 많다. 굳이 기억하려고 노력하지 않아도 잦은 노출로 암기가 되어버린 것들 말이다. 필리핀 대통령 두테르테. 나는 이 이름을 기억하려고 노력한 적이 없다. 뉴스에 몇 번 반복적으로 나온 것이 자연스럽게 장기기억으로 연결된 것이다. 일종의 암기다. 이렇듯 인명이

나, 상표명, 지명 등은 대부분 자연스럽게 암기된다. 생각보다 적은 횟수로도 외워진다. 날짜는 며칠 지났겠지만, 그 정보를 들은 시간만 따진다면 지극히 짧을 것이다.

이런 암기의 특징과 장점을 가지고 상식을 늘릴 수 있는 방법을 소개하겠다. 3.14159265358979323846264338327950288419716939937510582097494459230781640628620899862803482534212… 암기했던 것들 중 하나인 원주율을 외워서 써봤다. 필자는 지금 소개할 이 암기방법으로 수많은 상식과 정보를 장기기억으로 보냈다. 24절기로 시작하여 잡다한 전문용어, 지하철 노선이나, 세계 모든 나라의 수도, 파이의 소수점 이하 1,000번째 자리 등이 그것이다. 이 방법의 특징은 고통스럽지 않고, 시간도 잡아먹지 않으며, 쉽다는 데 있다.

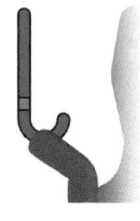

방법을 소개하기에 앞서 전제가 있다. **첫째**, 매일 같은 시각에 1분 정도 시간을 낼 수 있을 것. 하루에 1분이기 때문에 대부분의 사람이 가능할 것이다. **둘째**, 이것으로 공부하려 하지 말 것. 너무 느린 방법이라 추천하지 않는다. 공부는 기억법을 활용하고 이 암기방법으로는 상식 늘리는 데 활용하는 것이 좋다. 즉, 시간이 많은 평소에 하라는 것이

다. 시험을 앞두고 급하게 하거나, 마감일이 정해진 경우 따위는 피하라는 말이다. **셋째**, 매일 아주 조금씩이지만 꾸준히 할 것. 아주 중요하다. 너무 짧은 시간이라 매일매일 하기가 어려울 수도 있다. 하지만, 제일 중요한 것으로 매일매일 하는 것을 꼽을 수 있다. 정리해보면 매일 같은 시각에 1분 남짓한 시간 동안 정보를 보면 되는 것이다.

방법은 간단하다. 외우고 싶은 정보를 4/4박자로 정리해 적는다. 박자를 맞추며 읽을 수 있도록 끊어 적는 것이다. 예를 들어, 지하철 5호선을 외운다고 하면, 아래와 같이 4개씩 끊어 적는다.

> 방화, 개화산, 김포공항, 송정
> 마곡, 발산, 우장산, 화곡
> 까치산, 신정, 목동, 오목교
> ‧‧‧‧‧‧‧

그리고 매일 같은 시각에 외우고 싶은 정보를 읽는다. 끝. 여기서 주의할 점은 욕심을 내어 많이 적지 말라는 것이다.

처음 읽어서 1분이 넘지 않도록 한다. 그러므로 추천하기로는 매일 지하철로 출근하는 직장인이 가장 좋을 듯하다. 매일 아침의 출근길 풍경이라면 모두 휴대폰을 쳐다보고 있는 것이다. 어차피 보면서 갈 휴대폰이라면 텍스트로 적어놓은 상식을 먼저 짧은 시간 동안 읽고, 다른 것을 보자는 것이다. 혹시 욕심이 생기면 퇴근하는 길에 한 번 더 읽는 정도면 충분하다.

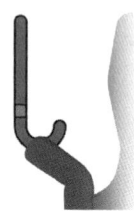

그러면 정말 외워질까? 그건 사람마다 가지고 있는 기초기억력에 따라 다르다고 생각한다. 빠르면 2주에서 보통 3주면 외워진다. 필자 같은 경우는 기초기억력이 안 좋다. 그래도 4주면 외워진다. 한번 실천해 보기 바란다. 무엇을 외울 것인가가 고민이라면, 실용적인 24절기부터 시작해보길 추천한다. 참고로 24절기는 3개씩 끊어 한 박자를 쉬는 4/4박자가 될 것이다. 이후로는 외우고 싶은 것이 생길 것이다.

혹시 너무 오래 걸리는 거 아니냐고 반문하고 싶은 독자도 있을 것이다. 기간은 오래일 수 있지만 하루에 들인 시간은 채 1분도 안 된다. 아무것도 아닌 시간, 그것도 지극히 짧은 시간을 활용하여 외운 것이다. 아무것도 안하고 그냥 보낸 한 달과 스쳐 지나갈듯한 시간 동안 읽은 것이 장기

기억으로 쌓이는 한 달, 과연 이 둘이 같다고 할 수 있을까? 후자의 경우 시간이 지날수록 엄청난 양의 상식이 쌓이게 된다. 결국 선택과 실천은 독자의 몫이다.

또 어렵거나 생전 처음 들어보는 것일수록 그 효과는 강력하다는 특징이 있다. 일종의 세트로 묶어 외우는 방식이라 자연스럽게 외워지게 된다는 말이다.

예를 들어, 키프로스라고 들어본 적이 있는가? 그럼, 니코시아는? 키프로스는 나라이름이고, 니코시아는 그 나라의 수도이다. 이렇게 전혀 들어본 적이 없는 것을 외울 때는 키프로스와 니코시아를 하나의 세트로 묶는다. 어차피 생소하긴 마찬가지이니 **키프로스-니코시아**를 마치 하나의 단어인 것처럼 외우란 말이다. 그러면 자연스럽게 나라이름과 수도이름을 함께 외우게 되는 결과를 가져오는 것이다.

이것이 바로 매일매일 조금씩의 힘이다. 사람들이 가장 어려워하는 것이기도 하지만 가장 강력하기도 하다. 매일매일 조금씩 무언가를 하는 사람이 제일 무서운 사람이다. 꾸준함을 이길 수 있을까? 꾸준한 사람은 언젠가 큰일을 낼 가능성이 높은 사람이다.

매일매일 조금씩의 힘은 대단하다. 매일매일 조금씩 한다고 다 될까 싶지만, 필자의 경우 매일매일 조금씩 했던 스트레칭의 결과로 지금도 다리가 일자로 찢어진다. 이런 것도 될까 싶은 것이 있다면 당장 해 보라.

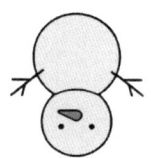

<u>매일매일 조금씩</u>. 매매조!

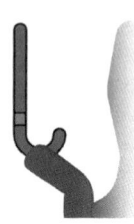

연습문제

다음의 내용을 매일 매일 읽어보자.

24절기

입춘, 우수, 경칩
춘분, 청명, 곡우,
입하, 소만, 망종
하지, 소서, 대서,
입추, 처서, 백로
추분, 한로, 상강,
입동, 소설, 대설
동지, 소한, 대한

한강 다리

일산 김포 신행주 방화
마곡철 가양 성산 양화
당산철 서강 마포 원효
한강철 노량 한강 동작

반포 잠수교 한남 동호
성수 영동 청담 잠실
잠실철 올림픽 천호 광진교
강동 미사 팔당

지하철 6호선

응암 역촌 불광 독바위
연신내 구산 응암 새절
증산 디미시 월드컵 마포구청
망원 합정 상수 광흥창
대흥 공덕 효창공원 삼각지
녹사평 이태원 한강진 버티고개
약수 청구 신당 동묘앞
창신 보문 안암 고려대
월곡 상월곡 돌곶이 석계
태릉입구 화랑대 봉화산

연습문제

지하철 7호선

장암 도봉산 수락산 마들
노원 중계 하계 공릉
태릉입구 먹골 중화 상봉
면목 사가정 용마산 중곡
군자 어린공원 건대입구 뚝섬유원지
청담 강남구청 학동 논현
반포 고터 내방 이수
남성 숭실대 상도 장승배기
신대방삼 보라매 신풍 대림
남구로 가디 철산 광명사거리
천왕 온수 까치울 부천종합운동장
춘의 신중동 부천시청 상동
삼산체육관 굴포천 부평구청

나라와 수도

라오스 - 비엔티안

라이베리아 - 몬로비아

라트비아 - 리가

레바논 - 베이루트

레소토 - 마세루

루마니아 - 부쿠레슈티

르완다 - 키갈리

리비아 - 트리폴리

리투아니아 - 빌뉴스

리히텐슈타인 - 파두츠

10^{68}까지의 단위

일, 십, 백, 천, 만, 억, 조, 경

해, 시, 양, 구, 간, 정, 재, 극

항하사, 아승지, 나유타, 불가사의, 무량대수

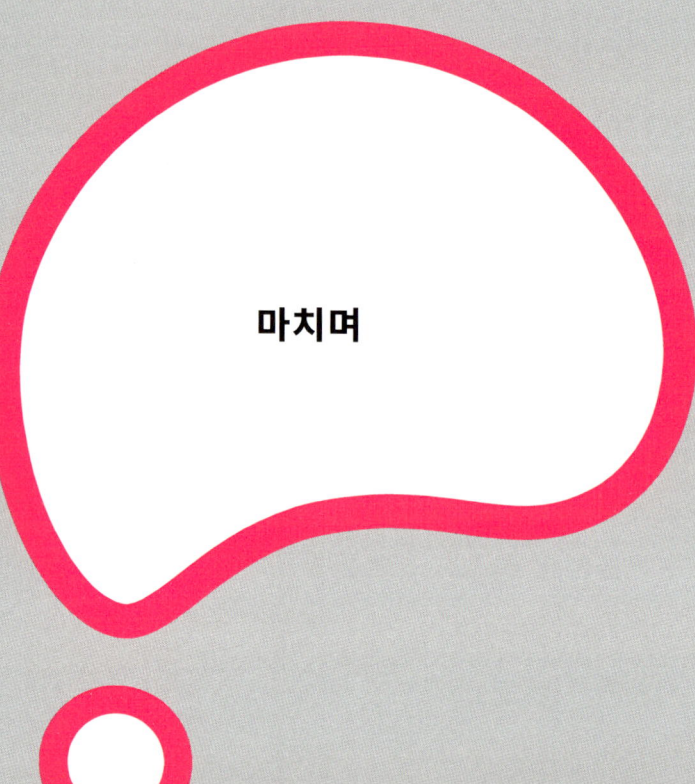

마치며

분명 기억한다고 기억했는데 난 왜 기억이 안 날까? 이런 생각이 든다면 어떻게 기억했는지 역추적해봐야 한다. 눈에 보이고 손에 잡히는 형태로 생각처리를 했는지, 생각단서는 잘 만들어 두었는지를. 처음에는 절대 빠르게 기억하려는 욕심을 버려야 한다. 천천히 정확하게 기억하는 훈련을 충분히 해야 한다. 기억력을 위해선 정확성이 속도보다 중요하다.

기억력이 좋으니 고시라도 보라는 말을 흔히 듣는다. 물론 기억력에 대한 부담감이 없어진 것은 사실이다. 그러니 외울 것이 많은 고시를 보면 합격할 수 있을 거라 생각하는 것도 무리는 아니다. 기억력도 기억력이지만 중요한 것은 필요성이고, 하고 싶은지의 여부이다. 할 수 있는 것과 하고 싶은 것은 엄연히 다른 것이다.

 여기 100미터 달리기 세계신기록 보유자 우사인 볼트가 있다. 편의점에 가려고 집을 나왔다. 편의점까지의 거리는 마침 딱 100미터였다. 그럼, 우사인 볼트는 '아무도 안보지만 비공인 세계신기록을 한번 내볼까?'하며 전력 질주해서 편의점까지 10초 안에 뛰어갈까? 여기서도 똑같이 대두되는 문제가 바로 필요성과 하고 싶은지의 여부이다. 할 수야 있겠지만 굳이 안 하는 것이다.

 포토샵 같은 이미지 편집 툴이나 영상편집 툴을 배우기만 하면 누구나 멋진 디자인과 영상이 결과물로 나올 것이라고 생각하는 사람들이 있다. 하지만 이것은 대단히 잘못된 생각이다. 컴퓨터는 툴Tool 즉, 도구다. 물감이나 가위 같은 도구에 불과하다. 도구 다루는 법을 아는 것과 멋진 작품을 만들어내는 것은 별개의 문제다. 도구 사용법이 창의력을 담보하지 않는다. 창의력은 도구가 아니라 머리에서 나오는 것이다.

 기억법 역시 도구일 뿐이다. 우리의 뇌를 이해하고 뇌를 역이용하여 쉽게 기억하는 방법에 불과하다. 이제 기억법이라는 도구를 가지고 무엇을 할지는 독자들의 몫이다. 기억법에 대한 지적 호기심 충족에 만족할 것인지, 기억법을 활용하여 무언가에 도전할 것인지 선택하기를 바란다. 꼭 기억법을 활용하여 국가고시를 보거나 자격증에 도전하지 않더라도 생활 속에서 끊임없이 활용하여 기초기억력과 생활기억력을 높여보자.

똑같이 먹었는데 누구는 살이 찌고, 누구는 그렇지 않다. 똑같은 거리를 뛰어도 누구는 숨이 차지만, 누구는 거뜬하다. 똑같은 글을 읽어도 누구는 이해가 가지만, 누구는 그렇지 못하다. 똑같이 여행가서도 누구는 여기를 가자고 하고, 누구는 저기를 가자고 한다. 똑같은 상황에서 누구는 화를 내고, 누구는 침착하다. 한여름에 덥다고 모두 냉면을 시키지만, 순두부 백반을 시키는 사람도 있다.

사람마다 체질이 다르고, 성향이 다르고, 성격이 다르고, 지적 수준도 다르기 때문이다. 각자에게 맞는 음식이 있고, 운동이 있고, 취향이 있는 것이다. 다른 사람에게 안 맞았다고 나에게도 안 맞는 것은 아니다. 또, 나에게 맞는다고 다른 사람에게도 맞는 것은 아니다.

기억력도 마찬가지다. 숫자를 생각처리하는 방법에도 2자리를 할 것인지, 3자리를 할 것인지, 발음으로 할 것인지, 메이저 시스템으로 할 것인지 등 방법이 매우 다양하다. 생각자리에 누구는 하나의 정보를 연결한다고 하고, 누구는 2개씩을 연결한다고 한다. 또, 누구는 3개씩 연결한단다. 방법이 너무 다양하게 존재한다는 말이다.

이렇게 수많은 방법 중에는 자기 자신에게 맞는 방법이 있을 것이다. 잘하는 사람이 특정 방법을 사용한다고 해서 그 방법이 나에게도 맞을 거라는 보장은 없다.

필자가 직접 해보니 왕도는 없었다. 나랑 맞는 방법이 존재할 뿐이었다. 꾸준한 훈련을 통해 자기 자신에게 맞는 방법을 찾아야 한다. 획일화된 방법은 기억력을 망칠 수 있다. 사람은 다 똑같지 않다. 모든 사람은 각자의 개성이 존재한다. 그 독특한 개성을 발견했으면 좋겠다.

자신에게만 딱 들어맞는 개성을 포기하고 객관적이고 보편적인 해결책을 선택하는 것은 어리석은 일이다. 이미 내 안에 심겨진 개성에 집중하자. 그렇게 나만의 독특한 개성에 맞는 방법을 찾아 실천해보자.

나는 나일 때 가장 멋있고,
너는 너일 때 가장 빛난다.

끝으로 지면을 통해서나마 나의 존재 이유가 되신 부모님과 살아가는 이유가 되신 하나님께 감사드리고, 전문가 그룹을 대표해 아낌없는 조언과 토론을 마다하지 않은 교육기업 함께늘봄 고혜정 대표와 비전문가 그룹을 대표해 뼈 때리는 피드백을 제공해 준 책읽는사람들 북토크 박재훈 대표, 그리고 교정과 교열로 글을 정갈하게 다듬어 준 도서출판 새얀의 김진희 대표에게 감사의 말을 전한다.

국제기억력마스터가 알려주는 2시간 완성 기억법!
생각만 **했을** 뿐인데 저절로 **기억**되는 정말 신기한 **토그 기억법**!

초판 1쇄 발행 | 2019년 9월 23일

지은이 | 조주상
펴낸이 | 김진희
펴낸곳 | 도서출판 새얀
편집 | 김진희
디자인 | 조주상

출판등록 | 제2018-000093호
주소 | 서울시 강남구 헌릉로569길 21-30 (세곡동)
전화 | 02-451-4176
팩스 | 02-451-4177
이메일 | jodiekim@saeyanbooks.com (원고 투고)

새하얀 하늘을 닮은 출판사, 도서출판 새얀
감성을 적시고 지성을 살찌우는 도서출판 새얀에서 참신한 도서 정보와 이벤트를 만나보세요!

도서출판 새얀의 출판 분야 경제경영, 퍼스널 브랜딩, 자기계발, 에세이
블로그 http://blog.naver.com/saeyanbooks
포스트 http://post.naver.com/saeyanbooks
인스타그램 https://www.instagram.com/saeyanbooks
페이스북 https://www.facebook.com/saeyanbooks
홈페이지 http://saeyanbooks.com

ⓒ 조주상 2019
ISBN 979-11-963836-7-1 (03190)

* 이 책은 저작권법에 따라 보호를 받는 저작물이므로 무단 전재와 무단 복제를 금지하며,
  이 책 내용의 전부 또는 일부를 이용하려면 반드시 도서출판 새얀의 서면 동의를 받아야 합니다.
* 파본이나 잘못된 책은 구입하신 곳에서 바꿔드립니다.

이 도서의 국립중앙도서관 출판예정도서목록(CIP)은 서지정보유통지원시스템 홈페이지(http://seoji.nl.go.kr)와
국가자료종합목록 구축시스템(http://kolis-net.nl.go.kr)에서 이용하실 수 있습니다.(CIP제어번호 : CIP2019028314)